KEIN SONDERZUG NACH MOSKAU

DEUTSCHE RUSSLANDPOLITIK MUSS EUROPÄISCH SEIN

Standpunkte: unbequeme Einsichten, provokante Ansichten, weitsichtige Vorschläge. Die sich in der Essayreihe »Standpunkte« zu Wort melden, wollen die Debatte über grundsätzliche und aktuelle Fragen der Politik vertiefen und in die Breite tragen. Die Klarheit der Argumentation lädt den Leser ein, die eigene Meinung zu schärfen – und sie ebenso energisch zu vertreten.

Kein Sonderzug nach Moskau

Deutsche Russlandpolitik muss europäisch sein

EIN STANDPUNKT VON
ECKART VON KLAEDEN

edition Körber-STIFTUNG

Roger de Weck

Wider den Mainstream

In Deutschland gibt es eine Denkschule, die das amerikanische Lager Guantánamo für eine Schande hält, aber die ungleich grausameren Übergriffe der russischen Soldateska in Tschetschenien kaum je anprangert und die Exzesse von Georgien achselzuckend hinnimmt. Das Versagen vieler US-Medien, die anfangs hurrapatriotisch den Irakkrieg begleiteten, wird gegeißelt, während die Gängelung der russischen Presse nirgends Zorn weckt.

Verletzungen der Menschenrechte durch die chinesischen Diktatoren sind in der deutschen Öffentlichkeit ein großes Thema, wohingegen Russland brachial und brutal handeln darf – es wird milder beurteilt. Das Verständnis für die geschichtliche Entwicklung eines Riesenstaats, der seit jeher von Autokraten geführt wird und nur Schritt für Schritt zur Demokratie finden kann, ist im Falle Russlands viel ausgeprägter als im Falle der Volksrepublik China.

Demgegenüber hat Eckart von Klaedens Essay zur deutschen und europäischen Russlandpolitik zwei Vorzüge:

Einerseits nennt der Autor die russischen Dinge beim Namen, wider den »Mainstream der deutschen Politik und der im Russlandgeschäft engagierten Unternehmen und Manager«. Von Klaeden schont weder die Machthaber im Kreml noch jene deutschen Landsleute (ob politische Gegner oder Parteifreunde), die russische Ungereimtheiten gern beschönigen, verharmlosen oder ignorieren, und zwar um einer »strategischen Partnerschaft« willen, die diffus bleibt und nie ernsthaft getestet wurde.

Andererseits ist der Essayist – er zählt zur jüngeren Generation der Politiker – kein Kalter Krieger, der auf Ressentiments gegenüber den Russen baut, um die deutsch-amerikanische Freundschaft zu festigen. Eckart von Klaeden, außenpolitischer Sprecher der CDU/CSU-Fraktion im Bundestag, will eine feste Partnerschaft mit Russland, allerdings eine, »die sich frei macht von Illusionen und Wunschdenken«. Eine rein deutsche Russlandpolitik verbiete sich schon deshalb, weil es jedem EU-Einzelstaat an Gewicht fehlt, »um auf Augenhöhe mit Russland zu verhandeln. Nur gemeinsam als Europäer und mit den USA können wir mit einiger Aussicht auf Erfolg auf Russlands Außen- und Europapolitik einwirken«, schrieb der Autor noch vor der Georgienkrise.

Von Klaeden macht handfeste Vorschläge, namentlich denjenigen eines Ausschusses des Europäischen Rats für die Russlandpolitik. In diesem originellen Gremium wären neben Deutschland und Frankreich etwa auch Polen, Großbritannien, Italien und die Brüsseler Kommission vertreten; Länder mit äußerst unterschiedlichen Erfahrungen, Haltungen und Interessen gegenüber Russland müssten sich zusammenraufen, um jedem russischen Versuch des Teilens und Herrschens zuvorzukommen.

Die Kernbotschaft dieses wichtigen – und bei der Stockung der Debatte: fälligen – Essays lautet kurz und knapp, klipp und klar: Russlandpolitik ist Europapolitik.

Berlin, im September 2008

Ein neuer Präsident

Der russische Einmarsch nach Georgien ist eine Zäsur in den Beziehungen der Europäischen Union und der NATO zu Russland, die ein grundlegendes Überdenken der deutschen und europäischen Russlandpolitik erforderlich macht.

Am 9. August 2008 haben russische Streitkräfte zunächst georgisches Kernland bombardiert und sind danach mit Bodentruppen eingerückt. Diesem Angriff war der Einmarsch der georgischen Armee nach Südossetien vorausgegangen. Es ist nicht klar und wird möglicherweise nie vollständig aufzuklären sein, wie sehr die georgische Operation durch südossetische Kräfte provoziert worden war. Für Ausbruch und Eskalation der Kampfhandlungen tragen jedenfalls alle Beteiligten ihre jeweilige Verantwortung.

Russische Truppen betrieben eine Kriegsführung der »verbrannten Erde«, sprengten Brücken, verminten Straßen und Eisenbahnstrecken und versenkten Handelsschiffe. Sicher ist, dass das russische Vorgehen nicht nur wegen seiner Unverhältnismäßigkeit völkerrechtswidrig war. Denn Russland war dazu weder vom Sicherheitsrat der Vereinten Nationen ermächtigt, noch war es selbst von Georgien angegriffen worden und damit zur Selbstverteidigung berechtigt.

Georgien ist für die Europäische Union energiepolitisch als Transitland für Erdöl und Erdgas von besonderer strategischer Bedeutung. Ohne ein souveränes und in seiner territorialen Integrität unverletztes Georgien ist eine Diversifikationsstrategie mit dem Ziel, die Abhängigkeit von russischen Energielieferungen zu reduzieren, de facto unmöglich.

Mit dem Angriff Russlands auf Georgien ist aber auch eine deutsche Russlandpolitik zerstört worden, die von Bundeskanzler Gerhard Schröder entwickelt worden war und die sich Bundesaußenminister Frank-Walter Steinmeier bemüht hatte – so weit wie möglich – in der Großen Koalition fortzusetzen. Sie hatte angesichts der inneren Entwicklung Russlands, des russischen Verhaltens seinen europäischen Nachbarn gegenüber und in internationalen Angelegenheiten wie der Statusverhandlungen zum Kosovo ohnehin immer mehr an Überzeugungskraft eingebüßt. Immer häufiger war adhortativer Optimismus an die Stelle getreten, wo eine nüchterne Analyse gefragt gewesen wäre. Länger als möglich hatte man an der Illusion festgehalten, dass Deutschland und Russland eine auf gemeinsamen Werten und Interessen gegründete »strategische Partnerschaft« eingegangen seien, bei der es um eine irreversible »Annäherung durch Verflechtung« gehe.

Dabei war der Entwicklung Russlands zu einer Autokratie mit staatsoligarchischem Kapitalismus und einer neoimperialen, von postsowjetischem Phantomschmerz geprägten Außenpolitik nicht angemessen zur Kenntnis genommen worden. Die Wahrnehmung der russischen Verhältnisse war sogar optimistischer als die der russischen Machthaber.

So hat Altkanzler Schröder in seinen Memoiren als »wirklich historisches Verdienst« des russischen Präsidenten Putin gewürdigt, »die Wiederherstellung staatlicher Strukturen eingeleitet und für seine Bürger, für Unternehmen und Investoren erstmals so etwas wie Rechtssicherheit geschaffen« zu haben. Dagegen hatte der heutige Präsident Dimitrij Medwedew die Korruption, die unter Putin zugenommen hatte, als »Krebsgeschwür« bezeichnet und dem Rechtsnihilismus den Kampf angesagt.

Es waren diese Äußerungen Medwedews insbesondere in der Kampagne vor den Präsidentschaftswahlen, die ihn für viele als Hoffnungsträger erscheinen ließen.

Ein weiterer Grund dafür ist sein Alter. Medwedew gehört einer Generation an, die nicht mehr vom Kalten Krieg geprägt ist. Schließlich war er beim Fall der Berliner Mauer gerade einmal 24 Jahre alt.

Medwedew gilt – jedenfalls nach den Maßstäben von Putins Russland – vor allem im Ausland als Liberaler. Damit ist nicht eine Sympathie mit der Politik Jelzins in den 1990er Jahren gemeint. In mehreren Interviews auch mit westlichen Medien hatte Medwedew jedoch vor seiner Wahl dezidiert rechtsstaatliche und marktwirtschaftliche Positionen vertreten. Er sprach sich für eine »Demokratie ohne Attribute« aus, was als indirekte Kritik an dem Konzept der »souveränen Demokratie« verstanden wurde. Und tatsächlich steht er liberalen Kräften näher als den sogenannten »Silowiki«, den unter Putin entstandenen Eliten aus Geheimdiensten und Armee. Von den bekannt gewordenen Kandidaten für Putins Nachfolge war er der Prowestlichste.

In seiner mittlerweile berühmten Krasnojarsker Rede vom 15. Februar 2008, in der er sein politisches Programm präsentierte, sprach sich Medwedew für Freiheit und Rechtsstaatlichkeit aus. Dazu gehörten die bürgerlichen wie die wirtschaftlichen Freiheiten sowie die Freiheit der Presse. Die Justiz müsse unabhängig sein, aber auch die Bürger müssten das Prinzip der Rechtsstaatlichkeit anerkennen. In dieser Rede versprach Medwedew, gegen überbordende Bürokratie und Korruption vorzugehen und kündigte zudem ein »Programm der vier Is« an: Neustrukturierung der Institutionen, Verbesserung der Infrastruktur und Förderung von Innovationen und Investitionen.

Dabei darf aber nicht vergessen werden, dass Medwedew nicht nur mehrere Jahre Erster Stellvertretender Ministerpräsident war, sondern gleichzeitig auch fünf Jahre lang Vorsitzender des Aufsichtsrats von Gazprom und damit einer der führenden Repräsentanten des »bürokratischen Kapitalismus«, der den »oligarchischen Kapitalismus« der Jelzin-Jahre abgelöst hatte.

Putin selbst hatte in einem Gespräch mit Bundeskanzlerin Angela Merkel bei ihrem Moskaubesuch unmittelbar nach den russischen Präsidentschaftswahlen im März 2008 den Westen davor gewarnt, von Medwedew eine Änderung seiner Politik zu erwarten: »Ich glaube nicht, dass mit ihm die Partnerschaft einfacher werden wird.« Es sei ein Fehler, ihn als »Mann des Westens« zu sehen. Medwedew sei »ein echter Patriot, der die Interessen seines Landes aktiv wahrnehmen und auf der internationalen Bühne« vertreten werde. Von der Bundeskanzlerin auf Putins Aussage angesprochen, entgegnete Medwedew: »Davon gehe ich aus.«

Als Medwedew Deutschland seinen ersten Besuch abstattete, weckte der Ton seiner vielbeachteten Rede im Berliner Hotel InterContinental Hoffnungen auf eine Verbesserung der Beziehungen zwischen Europäischer Union und NATO auf der einen und Russland auf der anderen Seite. Der frühere deutsche Außenminister Hans-Dietrich Genscher bemerkte, diese »Rede der ausgestreckten Hand« verlange nach Antworten der EU und des westlichen Bündnisses. Zuvor hatten sich die EU-Außenminister auf ein Verhandlungsmandat für ein neues Partnerschafts- und Kooperationsabkommen (PKA) mit Russland geeinigt, nachdem Polen sein Veto zurückgenommen und auch Litauen seine Bedenken zurückgestellt hatte. Auf dem 21. EU-Russland-Gipfel im sibirischen Chanty-Mansisk im Juni 2008 vereinbarten beide Seiten die erste Verhandlungsrunde schon in der darauffolgenden Woche in Brüssel.

Es ist auch aus anderen Gründen hohe Zeit für eine europäische Russlandpolitik. Im November 2008 wird ein neuer US-Präsident gewählt, der im Januar 2009 seinen Amtseid ablegen wird. Seine Administration wird erst nach dem Labor Day Anfang September 2009 voll arbeitsfähig sein. In dieser Zeit wird auch die Russlandpolitik der USA überdacht und neu konzipiert werden. Je mehr bis dahin Europa mit einer Stimme spricht, umso eher wird sich eine zukünftige amerikanische Administration davon beeinflussen lassen.

Die Kontroverse um die Unterstützung der USA vor und während des Irakkriegs als auch der NATO-Gipfel von Bukarest im April 2008 haben gezeigt, dass in der Europäischen Union eine ohne die USA entwickelte und gar gegen sie ausgerichtete Russlandpolitik unmöglich ist. Sie würde in jedem Fall am Widerspruch der ost- und mitteleuropäischen Staaten sowie Großbritanniens scheitern. Europa könnte leicht gespalten und damit beschädigt, wenn nicht gar handlungsunfähig werden. Umso wichtiger ist es daher, die kommenden Monate in der EU zu nutzen.

Entgegen offiziellen Verlautbarungen insbesondere von europäischer Seite waren schon vor dem russischen Einmarsch in Georgien die Beziehungen der Europäischen Union, der NATO und der USA zu Russland in den zurückliegenden Jahren komplizierter geworden. Denn seit der Rede Putins auf der Münchner Sicherheitskonferenz vom Februar 2007 sind der Ton und das Auftreten Russlands deutlich distanzierter und auch aggressiver.

Putin hatte in München, wie später in seinen Reden zur Lage der Nation, zum Jahrestag des Kriegsendes und zur Amtsübergabe an seinen Nachfolger Medwedew, dem Westen eine gegen sein Land gerichtete Eindämmungspolitik vorgeworfen. Dazu zählte er die Ausweitung der NATO nach Osten und das geplante amerikanische Raketenabwehrsystem mit seinen in Polen oder Litauen und Tschechien vorgesehenen Komponenten. Den Kosovoeinsatz der NATO und den Irakkrieg geißelte er als Bruch des Völkerrechts. Moskau suspendierte in dieser Zeit nicht nur den KSE-Vertrag – obwohl eine solche Suspendierung im Vertrag gar nicht vorgesehen ist –, sondern ging auch zunehmend auf Distanz zu westlichen Positionen etwa im Hinblick auf den Konflikt mit dem Iran um dessen Nuklearprogramm oder in der Kosovopolitik, die nach der NATO-Intervention gemeinsam mit Russland entwickelt worden war. Des Weiteren deutete Moskau mehr als nur einmal seine Bereitschaft an, auch seine Energie- und Rohstoffressourcen als politische Waffe einzusetzen. Symbolisch für den neuen russischen Rohstoffnationalismus war das Anbringen der russischen Flagge auf dem Meeresboden der Arktis am 2. August 2007, womit Russland seinen Anspruch auf die dort vermuteten Bodenschätze angemeldet hatte.

Im Inneren hat Putin die in der Jelzin-Zeit entstandenen demokratischen Institutionen unter den Stichworten »gelenkte« oder »souveräne Demokratie« ausgehöhlt und in ein autoritäres Korsett gezwängt. Zwar scheint Russland unter Putin oberflächlich stabiler geworden zu sein, aber in dieser Periode ist die Korruption weiter gestiegen und sind die Freiheitsrechte des Einzelnen und der Presse massiv eingeschränkt worden. Beispielsweise dokumentiert der bei Transparency International jährlich erscheinende *Corruption Perceptions Index* einen rasanten Abstieg Russlands zwischen 2002 und 2007 auf der Rangliste der Korruption. Während das Land sich zwischen 2000 und 2002 noch von Rang 82 auf 71 verbesserte, fiel es 2007 auf Rang 143 von 184 weit zurück.

Der »Freedom House« *Freedom of the World Survey* belegt außerdem einen Rückgang politischer Freiheitsrechte in Russland seit 2002, was »Freedom House« zum Anlass nahm, Russland von »partly free« auf »not free« abzuwerten.

Auf der Rangliste der Pressefreiheit von »Reporter ohne Grenzen« nimmt Russland derzeit den 144. Platz unter 169 Ländern ein. In der ersten, 2002 veröffentlichten Liste belegte die Russische Föderation immerhin noch den 121. Rang. Die Organisation kommt in ihrem Jahresbericht 2007 auf 21 berufsbedingte Morde an Journalisten seit dem Amtsantritt von Putin als Präsident im März 2000. Im Jahr 2006 sind neben Anna Politkowskaja unter anderen auch Jewgeni Gerassimenko, Redakteur des »Saratowski Rasklad«, und der Mitarbeiter der Fernsehstation NTW Ilja Simin ermordet worden. Auch die Weltbank stellt in ihrem Report »Governance Matters VI: Aggregate and Individual

Governance Indicators 1996 – 2006« einen Rückschlag für die Rechtsstaatlichkeit und Korruptionsbekämpfung in Russland für diesen Zeitraum fest.

Trotz dieser Entwicklungen setzen führende deutsche Außenpolitiker weiter nahezu ausschließlich auf die Integration Russlands, wie sie konzeptionell in der Charta von Paris der KSZE aus dem Jahr 1990 angelegt war. Die Charta sah die Transformation der Staaten des Warschauer Paktes und des Rates für gegenseitige Wirtschaftshilfe (RGW) zu pluralistischen Demokratien, Marktwirtschaften und Rechtsstaaten mit Gewaltenteilung vor.

So nehmen der frühere außen- und sicherheitspolitische Berater von Bundeskanzler Helmut Kohl, Horst Teltschik, und Außenminister Frank-Walter Steinmeier Bezug auf die Charta von Paris der Konferenz für Sicherheit und Zusammenarbeit in Europa (KSZE) vom November 1990, mit der »ein neues Zeitalter der Demokratie, des Friedens und der Freiheit« anbrechen sollte. Diesen Gedanken wiederaufzugreifen und weiterzuentwickeln, an dessen Ende ein umfassendes gesamteuropäisches Friedens- und Sicherheitssystem stehen würde, ist nach Teltschik »letztlich die Botschaft Putins in seiner aufsehenerregenden Rede auf der Münchner Sicherheitskonferenz« gewesen.

Bill Clinton brachte 1992 sogar eine NATO-Mitgliedschaft Russlands ins Gespräch, die Boris Jelzin damals aber mit dem Hinweis ablehnte, dass es dafür »noch zu früh« sei. Führende Sozialdemokraten und das von Steinmeier geführte Auswärtige Amt gehen heute sogar noch weiter. Sie bemühen sich, so viel wie möglich von der Russlandpolitik des früheren Bundeskanzlers Gerhard Schröder fortzusetzen, und befürworten eine »Annäherung durch Verflechtung«.

In einem unveröffentlichten Strategiepapier des Auswärtigen Amtes vom September 2006 zur Vorbereitung der deutschen EU-Präsidentschaft in der ersten Jahreshälfte 2007 wird erläutert, was man sich darunter vorzustellen hat. Steinmeiers Amt plädiert dafür, »die politische, wirtschaftliche und kulturelle Verflechtung der EU mit Russland, seine Verankerung in einem größeren Europa, irreversibel zu machen«. In dem Papier wird auf die Ostpolitik des früheren SPD-Bundeskanzlers Willy Brandt Bezug genommen und insbesondere ein Zitat bemüht, das Egon Bahr in seiner Tutzinger Rede im Sommer 1963 geprägt hatte. 2006 liest sich das so: »In ihrer Russlandpolitik sollte sich die EU von einer modernen Interpretation des bewährten Konzepts ›Wandel durch Annäherung‹ leiten lassen, die auf neue Bindungen und noch stärkere Vernetzung mit Russland zielt. Eine solche Russlandpolitik der ›Annäherung durch Verflechtung‹ sollte alle politischen, gesellschaftlichen und wirtschaftlichen Bereiche umfassen, einschließlich der gegenseitigen Öffnung von strategisch bedeutsamen Sektoren, wie im Energiebereich. Stärkere Verflechtung wiederum wird auch den Wandel in Russland fördern.«

Zwar heißt es in dem Papier, dass Russland »nach außen wieder mit neuem Selbstbewusstsein« auftrete und »in seiner inneren Verfasstheit den Anspruch auf einen eigenen, russischen Weg geltend« mache, »der vielfach asynchron zu dem der EU« verlaufe. Doch müsse »die wertebasierte Partnerschaft mit Russland (…) Forderung und Ziel bleiben, wohl wissend, dass gemeinsame Werte auch aus verstärkter Verflechtung resultieren können«.

Beiden Ansätzen – dem Bezug auf die KSZE-Charta wie dem Konzept »Annäherung durch Verflechtung« – ist die Vorstellung gemein, dass – so Teltschik – nach einer Phase der Konsolidierung und Stabilisierung durch Putin unter Präsident Medwedew eine Epoche der Modernisierung und Öffnung Russlands beginnen könnte. Diese Interpretation entspricht der offiziellen Sichtweise Moskaus. Der kremlnahe russische Publizist Vitali Tretjakow davon aus, dass hinter der Abkehr Russlands von westlichen Werten insbesondere in der zweiten Amtszeit Putins ein »masterplan« und »eine geheime Strategie« stehe.

Nach der Idee einer »reversiven Demokratisierung« habe man die demokratischen Rechte »einfrieren« müssen, um die akuten Probleme Russlands in den Griff zu bekommen. Sobald man die größten Schwierigkeiten überwunden habe, könne mit dem »Auftauen« begonnen werden. Diese Einschätzungen entsprechen dem Mainstream der deutschen Politik und der im Russlandgeschäft engagierten Unternehmen und Manager. Die bisherige Entwicklung Russlands rechtfertigt aber diese optimistische Sichtweise nicht.

Schon die Wahl Medwedews Anfang März 2008 entsprach wie die Dumawahlen am 2. Dezember 2007 in keiner Weise den demokratischen Standards der Organisation für Sicherheit und Zusammenarbeit in Europa (OSZE), deren Prinzipien sich Russland durch seine Mitgliedschaft verpflichtet hat.

Wie schon bei den Parlamentswahlen verzichtete auch hier die OSZE auf die Entsendung von Wahlbeobachtern, weil ihrer unabhängigen Wahlbeobachtungsorganisation ODIHR angemessene Arbeitsbedingungen verweigert wurden. Mit aus westlicher Sicht zum Teil absurden Methoden, mit Zuckerbrot und Peitsche, wurden die Wählerinnen und Wähler zu beiden Wahlen in die Wahllokale beordert. In der Region Tjumen in Westsibirien etwa konnte man eine kleine Wohnung, zehn Autos und 15 000 Haushaltsgeräte gewinnen. Eine kostenlose psychologische oder juristische Beratung gab es in der Wolgaregion. In den Wahllokalen der westsibirischen Region Kemerowo winkte eine Gratisrasur. Die Wähler wurden außerdem mit zusätzlichen Urlaubstagen oder Gehaltszuschlägen an die Urnen gelockt, aber auch im Falle der Nichtwahl oder eines schlechten Ergebnisses mit Repressalien bedroht. Ungehinderten Zugang zu den Medien hatten nur die kremltreuen Kandidaten. Medwedews Gegenkandidaten wurden der russischen Bevölkerung als Panoptikum vorgeführt.

Sowohl bei den Duma- wie bei den Präsidentschaftswahlen stand das Ergebnis schon von vornherein fest. Zuvor war das Wahlrecht so manipuliert worden, dass nur das vom Kreml beabsichtigte Ergebnis herauskommen konnte.

Die eigentliche Wahl des Präsidenten hatte im Dezember 2007 stattgefunden, als in einem kleinen Kreis um Putin oder von ihm allein Dimitri Medwedew zu seinem Nachfolger bestimmt wurde. So waren auch die sogenannten Wahlen keine Wahlen im eigentlichen Sinne, bei denen tatsächlich eine Auswahl möglich war, sondern eher eine Akklamation, die die hier vorher getroffene Auswahl bestätigte. Und eine Akklamation erhält ihre Legitimation nicht durch das Ergebnis – das steht vorher fest –, sondern durch die Höhe der Wahlbeteiligung.

Doch de facto übt weder Teltschik noch Steinmeier Kritik an den Parlaments- oder Präsidentschaftswahlen, die die OSZE als »nicht frei und nicht fair« bewertet hatte. Steinmeier belässt es bei der lapidaren Feststellung, dass man sich »mehr Auswahl bei der Wahl« habe vorstellen können. Stattdessen loben beide Putins Verfassungstreue, als er nach zwei Amtsperioden nicht wieder kandidierte. Allerdings hat diese Vorschrift der russischen Verfassung durch die schleichende Umgestaltung der Verfassungswirklichkeit in Russland zunehmend ihren Sinn verloren. Unter Putin ist die Gewaltenteilung mehr und mehr aufgehoben worden. Parlamente, Gerichte, Staatsanwaltschaften und die wichtigsten Medien bilden kein adäquates Gegengewicht zum Kreml, sondern sind zu dessen Erfüllungsgehilfen im Rahmen der »Machtvertikale« degradiert geworden.

Dimitri Medwedews Rede am 5. Juni 2008 in Berlin hob sich angenehm von der aggressiven Rhetorik seines Vorgängers ab. Im Gegensatz zu Putin betonte Medwedew in dieser Rede nicht die Unterschiede, sondern die Gemeinsamkeiten der europäischen Zivilisation. Nach dem Ende des Kalten Krieges sei nun die Zeit gekommen für eine gleichberechtigte Kooperation aller ihrer drei Säulen: Russland, der Europäischen Union und Nordamerika. Damit sieht Medwedew wie Putin Russland weder als zukünftiges Mitglied der NATO noch der Europäischen Union, sondern als jeweiliges gleichberechtigtes Gegenüber. Im Ton moderat, in der Sache aber deutlich, warf er der NATO vor, es bisher versäumt zu haben, ihrer Existenz einen neuen Sinn zu geben. Medwedew warnte vor einer neuen Osterweiterung, also vor der Annäherung der Ukraine und Georgiens, ohne diese Staaten namentlich zu nennen. Sollte es dazu kommen, würde das die Beziehungen zu Russland für lange Zeit ruinieren. Auch wenn es zu keiner Konfrontation käme, wäre der Preis doch sehr hoch.

Medwedew machte als Kern seiner Rede den Vorschlag eines verbindlichen Vertrages zur europäischen Sicherheit, bei dem die in der euroatlantischen Zone arbeitenden Organisationen Vertragsparteien werden könnten. Zur Ausarbeitung dieses Vertrages sollten an einer europäischen Generalversammlung aber alle europäischen Staaten unabhängig von ihren Allianzen oder anderweitigen Zugehörigkeiten zusammenkommen, um allein ihrem nationalen Interesse folgen zu können.

Putins neues Russland

Heute genießt die russische Bevölkerung persönliche Freiheiten in einem Ausmaß wie noch nie in ihrer Geschichte. Russen ist es, sofern sie es sich leisten können, möglich zu reisen, wohin sie wollen. Russische Eliten machen Urlaub in Europa oder den USA, schicken ihre Kinder auf Internate oder Universitäten und kaufen sich Feriendomizile oder Fußballclubs. Die Armut geht zurück. Selbst in den kleinen Städten und auf den Dörfern ist der Fortschritt spürbar. Menschen, die fähig sind, in dem neuen Umfeld zu agieren, können schnell sehr reich werden. Aber selbst wenn die Russen im Vergleich zu den Zeiten vor 1990 wesentlich freier leben können, hat es insbesondere in der zweiten Amtszeit Putins einen massiven Abbau demokratischer Rechte gegeben, außerdem eine Neuverstaatlichung von Unternehmen vornehmlich im Energiesektor, ein zusehends aggressiveres Auftreten gegenüber den Nachbarstaaten vor allem in Europa und eine immer destruktiver werdende Rolle in Fragen der Abrüstung, der Rüstungskontrolle und der internationalen Kooperation. Je weiter der Abbau der Demokratie und Rechtsstaatlichkeit unter Putin fortschritt, desto größeren Wert legte Russland auf das Prinzip der Nichteinmischung in innere Angelegenheiten. Es verhinderte Resolutionen im UN-Sicherheitsrat, in denen es darum ging, vom Iran entführte britische Seeleute sofort freizulassen oder den simbabwischen Diktator Mugabe wegen organisierter Ermordung von Oppositionellen und fortgesetzter Wahlfälschung zu verurteilen.

Margareta Mommsen und Angelika Nußberger zeigen in ihrem Buch »Das System Putin«, dass es in Wirklichkeit nach dem ersten neuen Russland der 1990er Jahre mittlerweile ein zweites neues Russland gebe, das »unter dem Zeichen von Stabilitätssuche und Autoritätsgläubigkeit unverkennbar zu einer umfassenden Rezentralisierung der Macht und Verstaatlichung der Zivilgesellschaft führte«.

In den letzten Jahren wuchs die russische Wirtschaft um durchschnittlich 6,8 Prozent. Doch so beeindruckend die Zahlen der wirtschaftlichen Entwicklung Russlands heute sind, so stellt sich doch die Frage nach der Nachhaltigkeit der Entwicklung. Denn der größte Teil des Erfolges ist auf den Anstieg des Ölpreises zurückzuführen und auf protektionistische Maßnahmen, die die jeweiligen Branchen vor ausländischer Konkurrenz schützen. Löhne und Gehälter sind stärker gewachsen als die Produktivitätsrate, sodass der konsumtive Anteil am Bruttosozialprodukt den investiven immer stärker übertrifft. Während die Inflationsrate immer weiter steigt, gelingt es der Regierung nicht in ausreichendem Maße, die Einkünfte aus dem Energie- und Rohstoffsektor zu einer dringend gebotenen Modernisierung und Diversifizierung der russischen Volkswirtschaft zu nutzen. Während es Russland geschafft hat, in den letzten Jahren seine staatlichen Auslandsschulden zu tilgen, haben sich im gleichen Zeitraum zwischen 1998 und 2007 die russischen Industrieunternehmen im Ausland stark verschuldet. Ihre Verschuldung ist von 30 auf 384 Mrd. Dollar angestiegen, was die russischen Devisenreserven in Höhe von 567 Mrd. Dollar relativiert. Russische Unternehmen und Privatpersonen legen immer mehr Geld im Ausland an. So überstiegen die innerrussischen Investitionen im Jahr 2006 mit 150 Mrd. Dollar nur knapp die russischen Auslandsinvestitionen in Höhe von 140 Mrd. Dollar. Unter Putin wurden ausländische Unternehmen immer mehr aus Schlüsselstellungen und Mehrheitsbeteiligungen herausgedrängt. Dadurch ist jedoch keine wettbewerbsfähige und differenzierte russische Wirtschaftsstruktur mit großen und vor allem vielen kleinen und mittelständischen Unternehmen entstanden, sondern eine durch staatliche Monopole geprägte Wirtschaft, die der monopolistischen Machtstruktur in der Politik entspricht. Eine Folge ist der Anstieg der bereits beschriebenen Korruption und der Schattenwirtschaft.

Russland entwickelt sich immer mehr zum Petrostaat und könnte, wenn die Entwicklung so weitergeht, zu einer Art europäischem Saudi-Arabien werden. Ein Petrostaat zeichnet sich aus durch die Verschmelzung von politischer und wirtschaftlicher Macht, den Aufstieg von astronomisch reichen Rentiers, systemischer Korruption und der dominierenden Rolle großer Staatsmonopole, die mit der staatlichen Bürokratie eng verflochten sind. Der Petrostaat wird so zunehmend unfähig, andere Wirtschaftszweige zu modernisieren, und hängt wie ein Süchtiger an der Nadel am Tropf der Energie- und Rohstoffexporterlöse.

Auch bei der inneren Entwicklung Russlands tun sich hinter der glitzernden Fassade der Stabilität und Modernisierung Abgründe auf. Das wird deutlich, wenn wir – wie es Steinmeier anregt – den neuen Präsidenten Medwedew bei seinen Worten nehmen. Wenn man davon ausgeht, dass Medwedew die westliche Vorstellung von einer lebendigen Bürgergesellschaft, von Pressefreiheit und Rechtsstaatlichkeit teilt, kann man durchaus seine Reden in Krasnojarsk und Berlin als eine radikale Abrechnung mit dem System Putin lesen. Doch insbesondere als Medwedew in Berlin über die Verbesserung des politischen Systems und die Entwicklung der Institutionen der Zivilgesellschaft sprach, wurde sichtbar, dass in Russland unter diesen Begriffen etwas anderes verstanden wird als im Westen. So behauptete er, dass in den letzten Jahren ernsthafte Anstrengungen unternommen worden seien, zu einem reifen und funktionierenden Parteiensystem zu kommen. Das neue Wahlrecht habe eine große Rolle dabei gespielt, ein stabiles und berechenbares Parteiensystem zu schaffen. Diese Schritte seien nicht nur gerechtfertigt, sondern notwendig gewesen. In Übereinstimmung mit internationalen Werten verfolgten sie das Ziel, den Bedürfnissen des russischen politischen Systems zu entsprechen.

Bis 2006 seien die meisten Nichtregierungsorganisationen (NGOs) in Russland vom Ausland finanziert worden. Das sei auch für jeden anderen Staat ein nicht tolerierbarer Umstand. Die Gesellschaftskammern leisteten erfolgreiche Arbeit, und die Umstände hätten gezeigt, dass es eine Notwendigkeit für eine solche Organisation gegeben habe, die Grundlage für die Entwicklung einer Zivilgesellschaft insgesamt biete.

Im Mai 2005 hatte der damalige Direktor des russischen Inlandsgeheimdienstes (FSB), Nicolai Patruschew, behauptet, dass ausländische Geheimdienste sich zunehmend nichttraditioneller Methoden bedienten und vor allem NGOs nutzten, um ihre politischen Ziele zu erreichen. Angesichts der Anzahl von zum damaligen Zeitpunkt ungefähr 15 000 gesamtrussischen und mehr als 40 000 regionalen Regierungsorganisationen ein geradezu absurder Vorwurf. Im November 2005 billigte die Duma gleichwohl das NGO-Gesetz, das unter Geheimhaltung und in großer Eile eingebracht worden war. Das Gesetz verlangt nicht nur eine Neulizenzierung aller NGOs, sondern sieht auch eine strengere Kontrolle ihrer Tätigkeit vor. Die Bestimmung, dass NGOs aufgelöst werden können, deren Gründer wegen Verschuldung oder Wirtschaftsvergehen rechtskräftig verurteilt worden sind, zielte auf die Schließung der von Michail Chodorkowski gegründeten Stiftung »Offenes Russland« ab. Insbesondere die hohe Zahl unbestimmter Rechtsbegriffe im neuen Gesetz öffnet der Willkür durch die Administration Tür und Tor. Deshalb unterzeichneten auch 13 000 NGOs eine Erklärung, in der sie die Abgeordneten der Duma aufforderten, den Gesetzentwurf abzulehnen.

Auch der Europarat äußerte sich in einer Stellungnahme kritisch zu dem Gesetzesvorhaben. Der Entwurf wurde in dem Punkt entschärft, dass ausländische NGOs nun nicht mehr gezwungen waren, ihre Dependancen in Russland als russische Organisationen neu zu gründen.

Hand in Hand mit der Einschränkung und Beeinträchtigung der Tätigkeiten von Nichtregierungsorganisationen übertrug Putin dem FSB die Aufgabe, eine »gesellschaftliche Kammer« einzurichten. Das entsprechende Gesetz trat zum 1. Juli 2005 in Kraft. Von den 126 Mitgliedern dieser Kammer wird ein Drittel vom Präsidenten ernannt, ein weiteres Drittel wird aus gesamtrussischen gesellschaftlichen Vereinigungen kooptiert.

Die restlichen 42 Mitglieder werden auf Bezirksdelegiertenkonferenzen regionaler und überregionaler gesellschaftlicher Vereinigungen bestimmt. Amtsträgerabgeordnete und Parteimitglieder dürfen der Kammer nicht angehören. Ihre Mitglieder werden nach zwei Jahren ausgewechselt. Ihre Beschlüsse haben zudem keinen verbindlichen, sondern lediglich empfehlenden Charakter. Die Kammer tritt zweimal jährlich zu ihren Sitzungen zusammen. In ihrer Konstruktion erinnert diese sogenannte Gesellschaftskammer an die Volkskammer der DDR, in die neben den Parteien auch sogenannte gesellschaftliche Massenorganisationen Abgeordnete entsandten.

Auch eine Autokratie ist auf die Zustimmung im Volk angewiesen. Die dafür erforderliche Scharnierwirkung kann die vom Kreml gelenkte Duma nicht mehr erfüllen. Insbesondere fehlt ihr die Möglichkeit, den Unmut aus der Bevölkerung aufzunehmen und in einem geordneten Verfahren in die staatlichen Institutionen einzubringen. Diese für den Kreml wichtige Scharnierfunktion wird nun teilweise von der Gesellschaftskammer übernommen.

Seinen für die Weltöffentlichkeit sichtbaren Anfang nahm der Umbau des politischen Systems Russlands unter Putin bereits im Jahr 2003 mit der Verhaftung des ehemaligen Oligarchen Michail Chodorkowski. Chodorkowski wurde 2004 wegen Betrugs und Steuerhinterziehung zu einer achtjährigen Haftstrafe in Sibirien verurteilt. Im Jahre 2008 wurde er auch der Geldwäsche beschuldigt. Diese Vorwürfe waren zwar der Anlass, aber nicht der Grund für seine Verhaftung und Verurteilung. 2003 fusionierte seine Firma Yukos mit Sibneft zum weltweit viertgrößten Ölkonzern. Dieses Unternehmen hätte in Russland jedes dritte Fass Öl gefördert. Zum Verhängnis wurde Chodorkowski, dass er davon überzeugt war, der Konzern lasse sich nur mit ausländischer Beteiligung in eine sichere Zukunft führen, und dazu Verhandlungen mit Chevron-Texaco und Exxon-Mobil über eine bis zu 40-prozentige Minderheitsbeteiligung führte: ein »Wandel durch Verflechtung«, wie er ganz sicher nicht im Interesse des Kreml war.

Chodorkowski unterstützte zudem persönlich liberale Oppositionsparteien wie »Jabloko« und die »Union Rechter Kräfte«, aber auch die Kommunisten sowie Nichtregierungsorganisationen finanziell und widersprach Putin öffentlich im russischen Fernsehen. Nicht wenige politische Beobachter sahen ihn bereits als aussichtsreichen Präsidentschaftskandidaten.

In einem Interview mit der Tageszeitung »Die Welt« vom Oktober 2003, einige Tage vor seiner Verhaftung, beschrieb er die Verhältnisse im Kreml als »Lagerkampf«. Es kämpften die Demokraten gegen die Anhänger eines autoritären Regimes, die eine liberale Marktwirtschaft innerhalb eines autoritären Staates errichten wollten. Sie sprächen von »gelenkter Demokratie«. Chodorkowski irrte aber hinsichtlich seiner persönlichen Zukunft. Er widersprach Gerüchten, wonach seine baldige Verhaftung bevorstehe: Ein solches Vorgehen würde das Vertrauen in die russische Justiz zu sehr erschüttern und ausländische Investoren abschrecken.

So war die Verurteilung Chodorkowskis nicht nur der unmissverständliche Hinweis, dass wirtschaftlicher Erfolg in Russland nur in Übereinstimmung mit den Zielen des Kreml möglich ist. Wer auch im Westen der weit verbreiteten Hoffnung anhing, wachsender wirtschaftlicher Wohlstand würde auch zu größeren Partizipationswünschen und damit nahezu automatisch zu einer demokratischen Bürgergesellschaft führen, wurde damit nicht eines besseren, aber anderen belehrt. Nach Mommsen und Nußberger ist Putin damit zu dem in Russland traditionellen Rechtsverständnis zurückgekehrt. Mit seinem Postulat einer »Diktatur des Rechts« ist nicht das westliche Verständnis der Begrenzung und Kontrolle der Macht durch das Recht, sondern vielmehr ihre Festigung und Durchsetzung gemeint. Die Fülle unbestimmter Rechtsbegriffe und rechtsstaatswidriger Konstruktionen, die auch bei der Verurteilung Chodorkowskis zum Einsatz kamen, geben den Machthabern die Möglichkeit, das Recht nach ihrem Gutdünken einzusetzen und von ihm nach Opportunitätserwägungen abzuweichen. Es ist daher im System angelegt, dass das Recht so zum Nährboden für Willkür und Ungleichbehandlung wird. Das führt zu dem von Medwedew kritisierten Rechtsnihilismus, der in dem Misstrauen der Bevölkerung gegenüber den Gerichten tief verwurzelt ist und seinen Nährboden in der Unvereinbarkeit des Ideals der Gerechtigkeit einerseits und der Rechtsnormen und ihrer Umsetzung in der Praxis andererseits findet. Nach der Verurteilung Chodorkowskis wurde sein Unternehmen in einem dubiosen und intransparenten Verfahren zerschlagen, filetiert und schließlich zu einem großen Teil vom staatlichen Energiekonzern Rosneft übernommen. Während Putin das Vorgehen in einer Pressekonferenz vom Dezember 2004 als einen normalen Vorgang bezeichnete, sprach sein wirtschaftspolitischer Berater Andrej Illarionow von einem politisch motivierten »Schauprozess« und dem »Schwindel des Jahres«.

In seiner zweiten Amtszeit begann Putin im September 2004 mit dem schon lange geplanten Umbau des politischen Systems. Als Vorwand diente ihm dafür der Terrorangriff vom 1. bis zum 3. September 2004 auf eine Schule in Beslan. Die Maßnahmen waren allerdings bereits seit Mai 2004 vorbereitet worden. Am 16. September ordnete Putin die Abschaffung der Direktwahl der Gouverneure, Änderungen des Parteiengesetzes, die Abschaffung des Mehrheitswahlrechts und die Einführung der sogenannten gesellschaftlichen Kammer an. Mit der Abschaffung der Wahl der Republikpräsidenten und Gouverneure nahm Putin einen Teil der 1996 eingeführten demokratischen Reformen seines Vorgängers Boris Jelzin zurück. Der Umbau folgte dem von Putin seit seinem Amtsantritt verfolgten Ziel, die Zentralgewalt auf Kosten der Regionen zu stärken und die sogenannte »Machtvertikale« aufzubauen. Mit den Änderungen des Parteiengesetzes im Dezember 2004 wurden auch die Anforderungen verschärft, die politische Parteien für ihre Registrierung bis zum 1. Januar 2006 erbringen mussten. Danach mussten die Parteien nicht mehr 10 000, sondern 50 000 Mitglieder nachweisen und außerdem in allen neuen 80 Föderationssubjekten vertreten sein. Bisher hatte die Hälfte ausgereicht. Verdoppelt wurde auch die Mindestanzahl von Mitgliedern von 250 auf 500, die in mindestens 45 Föderationssubjekten nachgewiesen werden mussten. Damit wurde das Entstehen neuer Parteien erschwert. Bestehende kleinere Parteien verschwanden.

Neben der Abschaffung des Mehrheitswahlrechts führt das neue Staatsdumawahlrecht vom Mai 2005 eine Sperrklausel von sieben statt bisher fünf Prozent ein, untersagte Listenverbindungen von Parteien, reduzierte die zulässige Quote für fehlerhafte Unterschriften auf Listen für Wahlkandidaten und für Volksabstimmungen von 25 auf 10 Prozent, erhöhte die finanzielle Zuwendung an eine Partei mit mehr als drei Prozent Wählerstimmen auf jährlich fünf Rubel pro Stimme und bestrafte Fraktionswechsel mit dem Mandatsverlust. Damit wurde die Möglichkeit abgeschafft, unabhängige Kandidaten in die Duma zu wählen. Bisher waren, wie in Deutschland, die Hälfte der Duma-Abgeordneten nach Parteilisten, die andere Hälfte – jeweils 250 – in den Wahlkreisen direkt gewählt worden. Die Anhebung der Fünf- auf eine Sieben-Prozent-Hürde in Verbindung mit dem Verbot der Listenverbindung bedeutete de facto schon zu dem damaligen Zeitpunkt das Aus der liberalen Partei »Jabloko« von Grigorij Jawlinskij und der »Union der Rechten Kräfte« unter Boris Nemzow, die bei der letzten Duma-Wahl am 7. November 2003 4,30 bzw. 3,97 Prozent erreicht hatten. Sie waren damals zwar an der Fünf-Prozent-Hürde gescheitert, hätten aber durch eine gemeinsame Liste möglicherweise auch die Sieben-Prozent-Hürde überspringen können. Das wurde ihnen nun aber unmöglich gemacht. Zudem bestand für diese bekannten Politiker nun auch nicht mehr die Möglichkeit, in einem Wahlkreis als Einzelkandidat anzutreten.

Insbesondere in den letzten Jahren seiner Präsidentschaft hat Putin die demokratischen Reformen der Jelzin-Ära sukzessive rückgängig gemacht. Dabei hat er auch die staatliche Propaganda dafür eingesetzt, die Assoziierung von Demokratie und Chaos weiter zu fördern. So weisen Apologeten Putins immer wieder auf die schlechten Umfragewerte hin, wenn das russische Volk nach der Akzeptanz der Demokratie gefragt werde, und ziehen daraus unterschiedliche Schlüsse. Selten ist jedoch davon die Rede, dass die Diskreditierung der Demokratie zu den politischen Projekten Putins gehört. Dabei hatte insbesondere die Abschaffung von Direktmandaten bei der Dumawahl dafür gesorgt, auch die letzten oppositionellen Stimmen aus dem Parlament zu verbannen. Die Aushöhlung des Wahlrechts läuft darauf hinaus, existierende Oppositionsparteien bis auf die Kommunisten durch die Manipulation des Wahlrechts und administrative Drangsalierungen von den Wahlen auszuschließen. An ihre Stellen treten die vom Kreml gegründeten Satelliten-Parteien »Einiges Russland« und »Gerechtes Russland«. Von »Einiges Russland« ist Putin jedoch Vorsitzender, ohne der Partei zuzugehören.

Wie aktiv durch Manipulation und Fälschung die russische Administration unter Putin an der Diskreditierung der Demokratie arbeitete, lässt sich exemplarisch an den Kommunalwahlen in Sankt Petersburg ablesen.

Wahlfälschung in Sankt Petersburg

Sankt Petersburg hat aus verschiedenen Gründen Symbolcharakter. Es ist zum einen die Heimatstadt Putins und Medwedews, in der sie ihre politische Karriere begonnen hatten, der Firmensitz von Gazprom und zum anderen die Region, in der die von Jawlinski mitbegründete liberale Oppositionspartei »Jabloko« über die meisten Anhänger verfügt.

Die Regionalwahlen wurden in Sankt Petersburg wie in 13 weiteren Regionen der russischen Föderation am 11. März 2007 abgehalten. Während in 11 Regionen noch nach dem alten Wahlsystem gewählt wurde, fanden in Sankt Petersburg wie in zwei weiteren Regionen die Wahlen auf der Grundlage des im Jahr zuvor beschlossenen neuen Wahlsystems statt. Dazu mussten sich alle Parteien für die Wahl registrieren lassen. Eine Möglichkeit war die Hinterlegung einer sogenannten Wahlkaution, die für Sankt Petersburg mit 90 Millionen Rubel (ca. 3,3 Mio. US-Dollar) sogar höher war als für die Staatsdumawahlen, wo 60 Mio. Rubel (ca. 2,2 Mio. US-Dollar) hinterlegt werden müssen. Die zu hinterlegenden Summen waren in den anderen Regionen deutlich niedriger und überschritten in keinem Fall den Betrag von 4 Mio. Rubel. Die andere Möglichkeit war die Einreichung von 50 000 Unterschriften. Von vornherein war klar, dass die Hinterlegung der Wahlkaution nur von den kremltreuen Parteien und den Kommunisten geleistet werden konnte. Von Anfang an gab es Zweifel an der Unabhängigkeit der Wahlkommission, die die Unterschriften zu prüfen hatte.

Bereits Monate zuvor hatte die Gouverneurin von Sankt Petersburg, die Putin-Vertraute Valentina Matwijenko, angekündigt, dass »Jabloko« nach den kommenden Regionalwahlen nicht mehr im Regionalparlament vertreten sein würde. Weil angeblich 36 der geprüften 10 000 Unterschriften gefälscht waren, wurde »Jabloko« als einzige in der Regionalduma verbliebene Oppositionspartei von den Wahlen ausgeschlossen. Außerdem sei ein Formular falsch ausgefüllt worden. In der Regionalduma hatte nur »Jabloko« gegen eine weitere Amtszeit Matwijenkos gestimmt und wollte darüber ein Referendum gegen das Projekt »Gazpromcity« erwirken. Dabei ging es um die Errichtung eines monumentalen Wolkenkratzers, der nicht nur nach Ansicht von »Jabloko« das klassische Stadtbild Petersburgs aus Eremitage und Winterpalast zerstören würde.

Ein »Jabloko«-Abgeordneter beschuldigte die Gouverneurin im Petersburger Parlament offen der Vetternwirtschaft, da ihr Sohn in Kronstadt, anscheinend widerrechtlich, exklusiven Zugang zu gewinnträchtigen Projekten bekommen hatte. Die Rede des Abgeordneten wurde in Sankt Petersburg aber lediglich vom parlamentsinternen Fernsehsender übertragen und blieb der Petersburger Bevölkerung damit vorenthalten. Aufgrund der mangelnden Auswahl fürchteten die Verantwortlichen eine nur geringe Wahlbeteiligung. Deswegen war im neuen Wahlrecht die Mindestwahlbeteiligung von 20 Prozent abgeschafft worden, um peinliche Neuwahlen zu verhindern.

Obwohl wie bei den späteren Duma- und Präsidentschaftswahlen auch im Vorfeld dieser Wahlen die Stimmen von Rentnern, Lehrern und Arbeitern mit Lebensmitteln und Geld gekauft wurden, machten nur 33,28 Prozent der

Wahlberechtigten von ihrem Wahlrecht Gebrauch. Nicht nur aus aktuellem Protest, sondern auch aus der Überzeugung, dass Parlament und Parteien sowieso kaum Einfluss auf die Politik haben, dürften zwei Drittel der wahlberechtigten Bürger Sankt Petersburgs auf die Stimmabgabe verzichtet haben.

Bürger- und Pressefreiheit à la Putin

Zur Lenkung der Medien bedient sich der Kreml einer Doppelstrategie: Einerseits werden unter Missbrauch der Justiz kritische Medienunternehmer gezwungen, ihre Unternehmen insbesondere an Gazprom zu verkaufen. Heute ist davon auszugehen, dass 40 Prozent aller regionalen Zeitungen von den entsprechenden Regierungen kontrolliert oder gar herausgegeben werden. Noch stärker ist der Staatseinfluss bei Rundfunk und Fernsehen. In einer Studie der »Foundation for the Defense of Glasnost« und der »Russian Union of Journalists« wird von einem staatlichen Einfluss von mehr als 85 Prozent ausgegangen. Unter Putin wurden die Mediengesetze elfmal verschärft.

Andererseits ist es seit dem Mord an Anna Politkowskaja kein Geheimnis mehr, wie gefährlich unabhängige Journalisten leben. Dabei ist umstritten, inwieweit und wie viele der mysteriösen Mordfälle dem Staat zuzuschreiben sind. Nach dem Tod von Anna Politkowskaja soll Alexander Litwinenko gesagt haben: »Es ist ganz eindeutig: Sie arbeiten eine Liste ab. Der Staat hat sich zu einem Serienkiller entwickelt.« Litwinenko selbst wurde in London mit Polonium 210 vergiftet, einem teuren radioaktiven Element mit sehr geringer Halbwertszeit. Wer auch immer Litwinenko ermordete, muss in irgendeiner Weise Zugang zu den Spitzen der Schaltstellen des russischen Sicherheitsapparates gehabt haben. Die Ermordung war nicht so dilettantisch, wie sie in den Medien erschien. Wäre Litwinenko einen Tag später intensiv untersucht worden, hätte das Gift nicht mehr nachgewiesen werden können.

Der Hauptverdächtige, der frühere KGB-Offizier Andrei Lugowoi, sitzt heute für die Schirinowski-Partei LDPR in der russischen Staatsduma und ist als russischer Staatsbürger nicht nur durch die russische Verfassung vor einer Auslieferung nach Großbritannien geschützt, sondern auch wegen seiner Immunität vor einer russischen Strafverfolgung. Es wäre jedoch keine Schwierigkeit, wie in anderen europäischen Ländern die Möglichkeit der vorläufigen Aufhebung der Immunität zu schaffen, um staatsanwaltliche Ermittlungen zu ermöglichen. Das sollte insbesondere für den Vorwurf eines Kapitalverbrechens gelten.

Sicherlich ist es unseriös, dem russischen Staat jede Verantwortung für die Journalistenmorde zuzuschieben und das mit der geringen Aufklärungsrate allein zu begründen. Helmut Schmidt hält sogar den Hinweis für angemessen, dass die Behelligung von Journalisten und politischen Gegnern »keine russische Spezialität« sei, und verweist auf die Watergate-Affäre in den USA in den 1970er Jahren.

Angesichts der Nachlässigkeit, mit der der russische Staat Repressalien bis hin zu schweren Körperverletzungen und Morden an unabhängigen und kritischen Journalisten nachgeht oder es ganz unterlässt, muss allerdings der Eindruck entstehen, dass sie vom Kreml konkludent für »vogelfrei« erklärt wurden.

So verkündete der Leiter der staatlichen Anti-Aids-Behörde in Moskau, Wadim Prokowskij, im Herbst 2007 am Rande einer Pressekonferenz, dass neben Homosexuellen insbesondere Journalisten zur Risikogruppe neuer HIV-Infektionen gehörten. Verachtung gegenüber Journalisten wird auch in der Art und Weise deutlich, wie die russische Justiz die Morde an Journalisten behandelt. Die Organisation »Reporter ohne Grenzen« beispielsweise berichtet von dem Fall von Jewgeni Gerassimenko, der für eine regionale Wochenzeitung gearbeitet hatte. Am 26. Juli 2007 fand ihn seine Mutter ermordet auf. Er war an seinen Schreibtischstuhl gefesselt, hatte eine Plastiktüte über den Kopf gezogen bekommen und wies Foltermerkmale auf. Gerassimenko recherchierte lokale Korruptionsfälle. Aus seiner Wohnung waren keine Wertsachen entwendet worden, auch sein Bargeld war unberührt. Es fehlte jedoch sein Laptop, auf dem seine bisherigen Rechercheergebnisse gespeichert waren. Verurteilt wurde ein schmächtiger Obdachloser, der physisch kaum in der Lage gewesen wäre, Gerassimenko zu fesseln. Ähnlich verhielt es sich mit Ilia Zimin, der am 28. Februar des gleichen Jahres tot in seinem Moskauer Appartement aufgefunden wurde. Er war einem Hygieneskandal in Moskauer Luxusrestaurants auf der Spur und machte Aufnahmen mit einer versteckten Kamera. Auch hier war der russische Ankläger nicht bereit, einen Zusammenhang zwischen seiner Tätigkeit und seinem Tod zu sehen. Sogar ausländische Journalisten sind solchen Einschüchterungsversuchen ausgesetzt, wenn sie kritisch berichten. Der Moskauer Büroleiter des »Focus« bekam nach dem Erscheinen seines Buches »Putins Demokratur« im Sommer 2006 die Warnung, er habe damit sein Todesurteil unterschrieben. Die größte Boulevardzeitung des Landes, »Komsomolskaja Prawda«, rückte ihn in die Nähe der Spionage. Er wurde von Polizisten attackiert, geschlagen, absichtlich mit dem Auto angefahren und festgenommen. All das blieb ohne juristische Folgen. Die Verantwortlichen wurden nie zur Rechenschaft gezogen.

Konnte man unter Jelzin von einer zwar defekten, aber immerhin von einer Demokratie in Russland sprechen, so erscheint das politische System Russlands heute immer mehr als eine schlechte Kopie von Demokratie, Rechtsstaatlichkeit, Mehrparteiensystem, Pressefreiheit, Marktwirtschaft und Parlamentarismus.

Hinter dieser Fassadendemokratie verbergen sich die realen Machtverhältnisse des Kreml, in dem unterschiedliche Fraktionen miteinander koalieren oder konkurrieren. Sosehr sich die unterschiedlichen Gruppen auch bekämpfen, so sind sie sich doch einig in dem Interesse, das bestehende System zu erhalten. In einem solchen System, in dem die Machtverhältnisse von außen undurchsichtig sind, in dem je nach Machtinteresse Koalitionen wechseln können, in dem die Möglichkeit eines wirklich demokratischen Wechsels das Ende des von allen befürworteten Systems bedeuten würde, müssen Korruption und Vetternwirtschaft wachsen. Alle »unbestechlichen« Beamten, die keine krummen Geschäfte machen, wurden längst aus dem Staatsdienst entfernt, sagt sogar der frühere Generalstaatsanwalt Juri Skuratow, »denn sie sind unbequem, weil man sie nicht mit kompromittierendem Material in Schach halten und erpressen kann«. Mittlerweile wird der Anteil der Geheimdienstler am führenden Personal im Staatsdienst auf knapp 80 Prozent geschätzt. In diesem System aus Korruption und Schutzgelderpressung kann nur derjenige als politischer Führer überleben, der nach dem Prinzip »divide et impera« in der Lage ist, den Einfluss der unterschiedlichen Fraktionen durch Konflikte und ihre Schlichtung auszubalancieren. Damit wächst die Macht der Bürokratie, und dem Präsidenten fällt es immer schwerer, eine eigene Agenda zu bestimmen und durchzusetzen.

Korruption gibt es in allen Staaten. In Russland ist sie jedoch zunehmend nicht mehr die kriminelle Abweichung von der Norm, sondern wesentlicher Bestandteil des Herrschaftssystems. Dazu hat auch die undurchsichtige und willkürliche Art beigetragen, wie einerseits die Privatisierung in Russland durchgesetzt wurde, andererseits aber auch die Re-Verstaatlichung von Unternehmen und Medien stattfand.

Russlands neue Staatsideologie

Wie sehr sich Russland von den Wertvorstellungen der Europäischen Union und der OSZE entfernt hat, zeigt die immer deutlicher werdende Staatsideologie des Kreml, die die angesehene Publizistin und Pulitzer-Preisträgerin, Ann Applebaum, als »Putinismus« bezeichnet, während Wissenschaftler wie der ehemalige Direktor des Bundesinstituts für ostwissenschaftliche und internationale Studien in Köln, Heinrich Vogel, oder Journalisten wie der frühere Auslandskorrespondent für »The Independent« und die BBC und ehemalige Leiter des Moskauer Büros des »Economist«, Edward Lucas, eine bemerkenswerte programmatische Nähe zu faschistischen Staatsdoktrinen erkennen.

Diese neue russische Staatsdoktrin ruht nach seiner Ansicht auf drei Säulen: dem Geschichtsrevisionismus sowohl im Hinblick auf die Sowjetunion als auch auf die Jelzin-Zeit, dem Nationalismus und einem dem 19. Jahrhundert entlehnten Souveränitätsbegriff, der in der Innenpolitik als »souveräne Demokratie« und in der Außenpolitik als Neoimperialismus sowie in der Wirtschafts- und insbesondere der Energiepolitik immer größere Bedeutung gewinnt. Nach russischer Vorstellung ist die Mehrheit der Staaten nur souverän in einem formalen Sinne. Nur wenige, und zwar diejenigen, die am mächtigsten und politisch am wagemutigsten sind, sind tatsächlich souveräne Staaten. Russland zählt sich selbst zu dieser kleinen Gruppe. Es ist in der Lage, seine Innen- und seine Außenpolitik allein auf der Grundlage seiner nationalen Interessen zu gestalten, ohne die Interessen anderer Staaten in das eigene Kalkül einbeziehen zu müssen.

Danach hat sich Russland von der Dominanz westlicher Demokratievorstellungen emanzipieren können und folgt nun seinem eigenen Entwicklungsweg zur »souveränen russischen Demokratie«. Dazu gehören die Wiedergewinnung der gefährdeten nationalen Würde und die Reinterpretation der sowjetischen Vergangenheit. Ausdruck dieser Vorstellung von der eigenen Rolle und Bedeutung ist die Idee, Russland müsse den Status einer unverzichtbaren Nation erlangen. Unverzichtbarkeit in diesem Sinne heißt, dass kein wesentliches Problem der internationalen Politik ohne Russland zu lösen sein darf.

Kern des Geschichtsrevisionismus im Hinblick auf die Jelzin-Zeit ist es, die dramatischen Erfahrungen von Gesetzlosigkeit, Megainflation und Korruption mit den westlichen Vorstellungen von Demokratie, Rechtsstaatlichkeit und einer offenen Gesellschaft zu identifizieren. Die gravierendste Fehleinschätzung des Westens, die auch in der Pariser Charta von 1990 der KSZE zum Ausdruck kommt, war, zu glauben, Russland werde sich mehr oder weniger automatisch in die Richtung eines Staates nach europäischen Standards des 21. Jahrhunderts entwickeln. Dabei waren die Warnsignale schon früh zu erkennen. 1993 ließ Jelzin durch die Armee das russische Parlament beschießen. Das darauffolgende Verfassungsreferendum hielt demokratischen Standards nicht stand, und auch die Wahl Jelzins 1996 zum Präsidenten war offenkundig manipuliert. Habgier und Misswirtschaft breiteten sich aus. Unter Jelzin entstand die Klasse der sogenannten »Oligarchen« – neureiche Unternehmer, die unter dem Etikett von Kapitalismus und Marktwirtschaft selbstsüchtig nach Geld und Macht strebten und das eigene Land ausbeuteten. Jelzin, seine wirtschaftsliberalen Berater und sein korruptes Umfeld haben sicherlich entscheidende Fehler gemacht. Dennoch ist es falsch, die Ursachen für die chaotischen 1990er Jahre im Wesentlichen in der damaligen Wirtschafts- und Finanzpolitik zu sehen, so schlecht sie auch war. Wahrscheinlich wäre auch jeder andere mit der Situation überfordert gewesen. Dazu war die Erblast aus der Sowjetzeit zu groß. Aber Jelzin und sein

Umfeld haben ohne Zweifel zur Verschlimmerung der Lage erheblich beigetragen.

Nach offizieller Lesart des Kreml waren diese Schwierigkeiten aber nicht die Folge der sozialistischen Misswirtschaft der vorangegangenen Jahrzehnte, sondern die eines verbrecherischen Plans des Westens, um Russland unter dem Vorwand von Reformen auszuplündern und zu erniedrigen. Russland sollte ins Chaos gestürzt werden, um sich die Rohstoffvorräte zu sichern. Auch wenn man heute sicherlich bezweifeln kann, ob bei dem westlichen Hilfsprogramm zur Transformation Russlands immer die richtigen Prioritäten gesetzt wurden, hat doch der Westen Milliarden Dollar an Krediten und Hilfsmitteln ins Land gepumpt. Dass diese Politik nicht erfolgreich war, hat im Wesentlichen nicht mit einer westlichen Verschwörung, sondern mit innerrussischen Problemen zu tun.

Es entsprach überhaupt nicht den Interessen des Westens, Russland zu schwächen. Vielmehr bestand die Sorge, dass ein zu schwaches Russland zu einem »failing state« werden könnte, dem es unmöglich würde, seine Atomphysiker zu beschäftigen und seine Nuklearwaffen zu bewachen und zu kontrollieren. Ausdruck der Kooperationsbereitschaft des Westens mit Russland war nicht nur die bereits erwähnte Charta von Paris der KSZE, sondern auch das Angebot Clintons aus dem Jahr 1992, Russland könne doch Mitglied der NATO werden.

Doch fällt es der Kreml-Propaganda heute leicht, die Erfolge der Jelzin-Zeit unter dem Eindruck der chaotischen wirtschaftlichen Verhältnisse zu diskreditieren, wie etwa das Entstehen einer freien Medienlandschaft, eines Mehrparteiensystems, einer lebendigen und demokratischen parlamentarischen Kultur und von Millionen kleiner und mittelständischer Unternehmen. Russland hatte nach dem Zusammenbruch der Sowjetunion nicht das Glück wie die Bundesrepublik nach dem Zweiten Weltkrieg, mit der Einführung der parlamentarischen Demokratie und mit dem Wirtschaftswunder eine parallele erfolgreiche demokratische und wirtschaftliche Entwicklung zu erleben.

Die Revision der Geschichte der Sowjetunion zeigt sich nicht nur an Symbolen wie der Wiedereinführung der Melodie der sowjetischen Nationalhymne unter Putin. Wie sein Vorgänger räumt auch Medwedew der Geschichtspolitik besondere Bedeutung ein und warnte in der Grundsatzrede zur Außenpolitik am 14. Juli 2008 vor einer angeblichen Umschreibung der Geschichte und der Verherrlichung des Faschismus. Er sieht einen gefährlichen Trend darin, dass Politiker, statt sich ihren eigentlichen Aufgaben in der Innen- und Außenpolitik zu widmen, sich selbst zu Historikern aufschwingen, um die Geschichte, orientiert an ihren eigenen persönlichen Interessen, wie ein Kartenspiel neu zu mischen, um einige kurzfristige Ziele zu erreichen. In diesem Zusammenhang verwies Medwedew auf das bevorstehende 70. Jubiläum des Beginns des Zweiten Weltkriegs. Russland könne es nicht akzeptieren, wenn in einzelnen Ländern, mit der Unterstützung oder Duldung der dortigen Regierungen, Versuche unternommen würden, eine angeblich »zivilisierende, befreiende Mission« der Faschisten und ihrer Verbündeten zu feiern. Alle daran Beteiligten müssten wissen, dass sie mit dem Feuer spielten. Charakteristisch für diese Staaten, die mit einer großen Leidenschaft für das Neuschreiben der Geschichte in der Innen- wie der Außenpolitik einträten, sei es nach Medwedew zudem, dass sie gleichzeitig für illegale Vorgänge wie die Anerkennung des Kosovo einträten. Es seien auch dieselben Staaten, die in ihren Politiken immer ultranationalistischer würden, nationale Minderheiten verfolgten und die Rechte sogenannter »staatenloser« Bürger in ihren Ländern leugneten. Zuvor hatte Medwedew bereits erklärt, dass der Kosovo für die Europäische Union das sei, was für die USA der Irak gewesen sei, nämlich das Symbol völkerrechtswidrigen Handelns.

Mit dem Hinweis auf die angebliche Umschreibung der Geschichte des Zweiten Weltkriegs spielte Medwedew auf den Hitler-Stalin-Pakt und auf die baltischen Staaten an. Dabei hatte er insbesondere Estland im Visier, wo angeblich nationale Minderheiten, insbesondere die russische, verfolgt würden. Medwedew setzt damit die Linie seines Vorgängers fort, die stalinistische Version des Zweiten Weltkriegs zum Gründungsmythos des modernen Russland werden zu lassen. Im Jahr 2005 hatte Putin in seiner Rede zur Lage der Nation den Zusammenbruch der Sowjetunion als »die größte geopolitische Katastrophe des 20. Jahrhunderts« bezeichnet. Während unter Gorbatschow eine kritische Auseinandersetzung mit den dunklen Kapiteln der sowjetischen Geschichte, mit der Kulakenverfolgung, den stalinistischen Säuberungen oder der Deportation von Russlanddeutschen, Tschetschenen oder Krimtataren einsetzte und Jelzin Historikerkommissionen gründen ließ, um den Aussöhnungsprozess mit ehemaligen Mitgliedern des Warschauer Pakts oder Sowjetrepubliken, die heute Nachbarstaaten sind, voranzutreiben, ist unter Putin dieser Trend zugunsten der sowjetischen Sichtweise nach und nach in sein Gegenteil verkehrt worden. In einem von Putin genehmigten Leitfaden für Geschichtslehrer aus dem Jahr 2007 werden Stalins Verbrechen relativiert und seine Herrschaft glorifiziert. Das geheime Zusatzprotokoll zum Hitler-Stalin-Pakt wird so als ein vertretbares taktisches Manöver dargestellt. Den Abwurf der Atombombe auf Hiroshima bezeichnete Putin im Juli 2007 dagegen als schlimmer als alle Gräueltaten Stalins. Und die amerikanische Außenpolitik verglich er anlässlich der Siegesparade am 9. Mai 2007 in Moskau sogar indirekt mit der des Dritten Reiches. Schließlich ist die offizielle Regierungszeitung »Rossijskaja Gazeta« zu der früheren sowjetischen Propagandalüge zurückgekehrt, die Ermordung von fast 22 000 polnischen Offizieren, Soldaten, Polizisten, Beamten und Grundbesitzern in Katyn und weiteren Lagern in der Sowjetunion, Ukraine und Weißrussland zu Beginn des Jahres 1940 durch Einheiten des sowjetischen Innenministeriums NKWD ging in Wirklichkeit auf das Konto der Wehrmacht. Dabei hatte Michail Gorbatschow 1990 eingestanden, dass die Sowjetunion für diese Massenmorde verantwortlich war.

Die heutige russische Interpretation des Hitler-Stalin-Pakts, nach der Deutschland im geheimen Zusatzprotokoll zum Hitler-Stalin-Pakt im Jahr 1939 lediglich die Territorien zurückgegeben habe, die Russland nach dem Friedensvertrag von Brest-Litowsk im Jahr 1918 an Deutschland hatte abtreten müssen, zeigt, dass Moskau nicht bereit ist, sich mit der Souveränität und Unabhängigkeit der baltischen Staaten tatsächlich abzufinden und die Deportation als Verbrechen anzuerkennen.

Die frühere lettische Außenministerin und EU-Kommissarin Sandra Kalniete teilt das Schicksal vieler Balten. Sie wurde 1952 in einem stalinistischen Gulag geboren. Ihre Eltern waren 1941 dorthin verschleppt worden, weil aus sowjetischer Sicht alle Balten, die nach nationaler Selbstbestimmung strebten und nicht Sowjetbürger werden wollten, »Konterrevolutionäre«, »bürgerliche Reaktionäre«, »Verräter« oder gleich »Faschisten« waren. Ihre Großväter überlebten wie Zigtausende anderer Balten den Gulag nicht, ihre Großmutter starb an den Folgen der Zwangsarbeit. Bis zu ihrem achten Lebensjahr kannte Kalniete nur den Gulag.

Bereits 2007 hatten russische Truppen in Pskow in der Nähe der estnischen und lettischen Grenze die Rückeroberung der baltischen Staaten geübt. Obwohl Einzelheiten der Übung nicht bekannt sind, ist es wohl um die Verteidigung der »russisch Sprechenden« gegen »Nationalisten« gegangen. Ziel des Manövers war es, die Einnahme wichtiger Verkehrsinfrastruktur wie Häfen und Flugplätze durch russische Invasionstruppen zu üben, um den NATO-Verbündeten eine Unterstützung der baltischen Staaten unmöglich zu machen.

Im Jahr 2000 hatte Präsident Putin eine Militärdoktrin verabschiedet, die die »Diskriminierung« russischer Bürger im Ausland als eine Bedrohung der Sicherheit Russlands definierte. Diese Doktrin wurde von seinem Nachfolger Medwedew am 15. Juli 2008 in seiner Grundsatzrede zur Außenpolitik vor dem Diplomatischen Korps in Moskau ausdrücklich bestätigt, als er davon sprach, dass der Schutz und die Verteidigung der Rechte der russischen und russischsprechenden Minderheiten offensichtlich zu den Pflichten Russlands gehörten.

Es ist daher nur zu verständlich, dass angesichts des russischen Vorgehens gegen Georgien im August 2008 Befürchtungen vor Russland in Polen und dem Baltikum wachsen.

»Souveräne Demokratie«

Das zunehmend autokratisch regierte Russland fühlte sich durch die »Orangene Revolution« in der Ukraine im Herbst 2004 oder die »Rosenrevolution« 2003 in Georgien in ähnlicher Weise existenziell herausgefordert wie die USA durch die Terroranschläge des 11. September 2001. Beide Länder haben für Russland besondere strategische Bedeutung: Der militärisch-industrielle Komplex Russlands und der Ukraine sind eng miteinander verwoben. Weiterhin liegt die russische Schwarzmeerflotte auf der Krim im ukrainischen Hafen Sewastopol. Georgien wiederum hat eine Schlüsselstellung in der Strategie zur Energiediversifikation der EU.

Als Reaktion auf das Streben beider Länder nach Westen entwickelte der Kreml das Konzept der »souveränen Demokratie«. Danach hat sich Russland von westlichen Demokratievorstellungen frei gemacht und folgt diesem euphemistisch so umschriebenen Sonderweg. Dabei bedient sich der Kreml eines slawisch-orthodoxen Exzeptionalismus, der die moralische Überlegenheit des orthodoxen Russland gegenüber dem dekadenten Westen postuliert. Behilflich bei dieser moralischen und geistigen Legitimierung der Herrschaft des Kreml ist die Führung der russisch-orthodoxen Kirche. Sie hat unter Putin deutlich an Einfluss gewonnen und ist mit einer Zustimmung von 54 Prozent – nach dem Präsidenten mit 68 Prozent – die Institution des Landes, der das zweithöchste Vertrauen entgegengebracht wird. Als moderne Version der Einheit von Thron und Altar ist sie dem Kreml dabei behilflich, Russland vom Westen abzugrenzen. So erklärte Patriarch Alexej II., das Oberhaupt der russisch-orthodoxen Kirche, dass das westliche Konzept der Menschenrechte den orthodoxen Gläubigen nicht gestatte, im Einklang mit ihren Überzeugungen zu leben. Diese Vorstellungen des Westens seien in Wirklichkeit »neoheidnische« Tendenzen, die man ablehne. Der überzogene Individualismus des Westens führe nach seiner Ansicht sowohl zu moralischem Relativismus wie zur Missachtung der Interessen anderer: »Es gibt Werte, die genauso wichtig sind wie Menschenrechte«, heißt es in einer »Deklaration der Menschenrechte und Menschenwürde«, die als Gegenstück zur »Deklaration der Menschenrechte« der Vereinten Nationen gedacht ist, »das sind Glaube, Moral, (nationale) Sakramente, das Vaterland.« Nach Ansicht des Kreml-Ideologen Wladislaw Surkow ist »das russische kulturelle Bewusstsein eindeutig ganzheitlich (und) intuitiv und steht im Gegensatz zu (dem) mechanistischen und reduktionistischen« des Westens.

Gewaltenteilung ist mit diesem Modell unvereinbar. Legitimität wird nicht durch freie Wahlen, sondern durch den Verweis auf die Popularität der Führung erlangt. Loyalität ist wichtiger als Legalität. Demoskopie und Akklamation ersetzen Demokratie und Rechtsstaatlichkeit.

Doch die russische Interpretation des Souveränitätsbegriffs hat nicht nur eine innenpolitische, sondern auch eine außen- und wirtschafts-, insbesondere eine energiepolitische Dimension. Die Vorstellung einer imperialen Präsidentschaft, die zentrale Rolle traditioneller Werte und der Anspruch auf absolute außenpolitische, aber auch wirtschafts- und energiepolitische Souveränität sind das Ziel einer Ordnung, die man als autoritären Staatskapitalismus bezeichnen kann.

Dimitri Trenin schrieb in einem Artikel im »Washington Quarterly«, Russland werde von den Menschen regiert, die es besitzen. An der Spitze des russischen Staates stehen heute keine Politiker, die von ihrem Volk gewählt wurden oder fürs Volk arbeiten, sondern Eigentümer, Anteilseigner der Russland AG.

Wirtschaftliche, politische und persönliche Interessen sind in Russland untrennbar miteinander verquickt. Nach Mommsen und Nußberger unterscheidet diesen bürokratischen Kapitalismus unter Putin von dem oligarchischen Kapitalismus der 1990er Jahre, dass damals die Oligarchen die Schwäche des Staates ausnutzten und versuchten, sich seiner zu bemächtigen. Heute liegt die wirtschaftliche Macht in Form staatsoligarchischer Unternehmen in den Händen des Kreml und seiner Funktionäre: staatsoligarchischer Kapitalismus.

In den 1970er und 1980er Jahren hat die Sowjetunion versucht, ihre militärische Macht in politische Macht umzuwandeln. Heute glaubt der Kreml, ein besseres Instrument gefunden zu haben, und hat damit begonnen, seine wirtschaftliche Macht aufgrund seiner Rohstoffressourcen in politische Macht umzuwandeln. Bereits 2002 schrieb Vitali Tretjakow, dass nur ein Land mit einem eigenen Rohstoffindustrie- und Energiekomplex das Potenzial habe, eine wirkliche Großmacht und ein wirklicher Global Player zu sein. Fünf Jahre später erklärte Wladislaw Surkow Öl und Gas zur eigentlichen Machtwährung für Russland und zur Basis seiner Souveränität. Dies seien die »strategischen, geopolitischen Ressourcen«.

Auf der Konferenz der russischen Botschafter in Moskau im Juni 2006 hatte Putin erklärt, Russland werde seine Ressourcen zu benutzen wissen, um seine Interessen zu schützen.

Auch wenn der Kreml Energie als eine politische Waffe betrachtet, so darf man nicht erwarten, dass er dies durch ihren stümperhaften Einsatz auch noch zu offensichtlich werden lässt. Sie ist nämlich nur dann effektiv, wenn ihr Einsatz nicht zu große Solidarisierungseffekte hervorruft und die EU nicht zu sehr zusammenschweißt. Dabei geht Russland differenziert vor und achtet sorgfältig nach dem Prinzip »divide et impera« darauf, dass seine energiepolitischen Beziehungen zu den großen Anbietern, die es als strategische Partner betrachtet, nicht beeinträchtigt werden, während insbesondere im »postsowjetischen« Raum Energielieferungen bzw. ihre Unterbrechung für Moskau ein probates Mittel sind, Druck auszuüben und ein Verhalten zu bestrafen, das den Interessen der russischen Führung zuwiderläuft.

Bei diesem Vorgehen gegenüber seinen Nachbarn liefert der Kreml weitere Begründungen, die es seinen strategischen Partnern erlauben, gesichtwahrend oder selbstbelügend den eigentlichen Zweck zu leugnen. Mal war der Grund die illegale Gasentnahme, mal ein plötzlicher, irreparabler Defekt einer Pipeline oder ein terroristischer oder krimineller Anschlag.

Um die Jahreswende 2005/06 wurde der Ukraine von russischer Seite der Gashahn zugedreht. Sicherlich war ein Grund, dass auf ukrainischer Seite in großem Umfang der Pipeline illegal Gas entnommen wurde. Doch hatte der russische Botschafter in der Ukraine, Wiktor Tschernomyrdin, in der ersten Jahreshälfte 2006 einen direkten Zusammenhang zwischen dem Streben der Ukraine in die NATO und den Gasverhandlungen mit Russland hergestellt.

Nach welchem Muster der Kreml seine wirtschaftliche Souveränität durchsetzt und sich dabei staatlicher Machtmittel bedient, die dem Konzept der »Diktatur des Rechts« folgen und nur aufgrund der von Putin geschaffenen »Machtvertikale« möglich sind, haben nach Chodorkowski auch ausländische Energiekonzerne wie Shell oder BP in den letzten Jahren erfahren müssen. Shell besaß bis Ende 2006 45 Prozent der Anteile des internationalen Konsortiums am Öl- und Gas-Explorationsprojekt »Sachalin 2« im Nordpazifik. Die Erschließung und Ausbeutung der dortigen Vorkommen sollte bereits in den 1990er Jahren beginnen, doch mangelte es Russland damals noch an dem erforderlichen Know-how und Kapital, um die Exploration selbstständig in Angriff nehmen zu können. Unter Präsident Jelzin wurde ein sogenanntes »production sharing agreement« zwischen dem von Shell angeführten Konsortium und dem russischen Staat geschlossen, in dem die beiderseitigen Rechte und Pflichten niedergelegt wurden. So waren der langfristige Investorenschutz und die Gewinnbeteiligung sowie die Verfügung über die geförderten Rohstoffe geregelt.

Unter Präsident Putin entwickelte die unter der Förderung des Kreml gedeihende Gazprom ein wachsendes Interesse an »Sachalin 2«. Dabei ging es ihr offensichtlich auch um den Einstieg in das Verkaufsgeschäft. Mitte 2006 empfahl die russische Akademie der Naturwissenschaften, die Verabredung nicht nur für »Sachalin 2« zu revidieren. Ziel müsse es sein, im nationalen Interesse Russlands dem Staat die Mehrheit in dem Konsortium zu verschaffen. Mit einem entsprechenden Gesetz wurde Gazprom das Exportmonopol für russisches Erdgas zugesprochen, allerdings wurde der Fall »Sachalin 2« ausdrücklich von dem Gesetz ausgenommen. Stattdessen wurde Anfang September der Druck auf das Konsortium wegen angeblich nicht erfüllter Umweltauflagen sukzessiv erhöht. Das Konsortium wies die Vorwürfe zurück, woraufhin dem Unternehmen mit dem Lizenzentzug gedroht wurde.

In dieser Situation schlug der stellvertretende Chef der Präsidialverwaltung, Igor Schuwalow, den beteiligten Unternehmen vor, die Verträge freiwillig aufzulösen. Das erleichtere allen das Leben und Russlands guter Ruf würde so keinen Schaden nehmen. Im Oktober 2006 wies der russische Präsident Putin auf einem Sondertreffen zwischen der EU und Russland im finnischen Lahti jeden Verdacht zurück, bei den Aufhebungen der Verträge für »Sachalin 2« habe es sich um den Versuch gehandelt, russische Unternehmen in ein attraktives Projekt hineinzupressen. Der Lizenzentzug sei ausschließlich aus Umweltschutzgründen angedroht worden.

Der Druck mit der Entziehung der Förderlizenzen, die Infragestellung der Gültigkeit der Förderverträge und die Einschaltung der Umweltaufsichtsbehörde von russischer Seite hatten schließlich im Dezember 2006 den gewünschten Erfolg. Gazprom stieg mit einer Beteiligung von 50 Prozent plus einer Aktie in das Konsortium »Sachalin 2« ein und zahlte dafür lediglich 7,45 Milliarden Dollar. Putin erklärte damit alle Probleme der Investoren und der russischen Umweltbehörden für gelöst. Auch der Vorstandschef von Shell, Jeron van der Veer, begrüßte den Einstieg von Gazprom – was hätte er auch anderes sagen sollen. Mit ähnlichen Mitteln ist im Jahr 2007 der britische Energiekonzern BP um die Mehrheitsbeteiligung seiner Tochterfirma TNK-BP am ostsibirischen Erdgasfeld Kowytka gebracht worden.

Die ständigen Repressalien gegen das russisch-britische Joint-Venture-Unternehmen TNK-BP haben in den letzten Jahren kein Ende genommen. So wirft der FSB den Briten Spionage vor. Aber nicht nur der Geheimdienst, sondern auch Steuer- und Umweltbehörden, Ausländerämter und Gerichte machen im Auftrag der russischen TNK-BP-Aktionäre den britischen Managern das Leben schwer. Im Juli 2008 sah sich der amerikanische Chef von TNK-BP, Robert Dudley, unter massivem Druck gezwungen, Russland zu verlassen.

Doch nicht nur Energiekonzerne sind solchen Repressalien ausgesetzt. Ende Oktober 2007 wurden der Lufthansa Cargo plötzlich die Überflugrechte über Russland entzogen. Als Grund für die Verweigerung der Überfluggenehmigung wurde von russischer Seite angegeben, dass Lufthansa es versäumt habe, einen bis zum 27. Oktober befristeten Vertrag zu verlängern. Gleichzeitig wurde Lufthansa Cargo aufgefordert, sein Luftdrehkreuz vom kasachischen Astana nach Russland zu verlegen. Dafür wurde die drittgrößte sibirische Stadt Krasnojarsk angeboten. Sprecher der Lufthansa wiesen diese Forderung als absurd zurück.

Beobachter vermuten, dass der wahre Grund in der Entscheidung der Lufthansa zu suchen sei, sich wie andere europäische Fluggesellschaften auch zum Frühjahr 2008 vom staatlichen Moskauer Flughafen Scheremetjewo zugunsten des neuen, privat betriebenen und deutlich moderneren Flughafens Domodedowo zurückzuziehen. Die deutsche Regierung reagierte ihrerseits auf das Überflugverbot für

Lufthansa-Cargo-Maschinen mit einer Sperrung des deutschen Luftraums für Frachtmaschinen der Aeroflot – eine angemessene Maßnahme, die dem Prinzip der Wechselseitigkeit entspricht. Doch soll auf Initiative des rheinland-pfälzischen Ministerpräsidenten und SPD-Vorsitzenden, Kurt Beck, das Überflugverbot wieder aufgehoben worden sein, um der Aeroflot auch weiterhin die Nutzung des rheinland-pfälzischen Flughafens Frankfurt/Hahn zu ermöglichen. Mitte März 2008 wurde dann bekannt, dass die Lufthansa der Verlagerung ihres Frachtdrehkreuzes von Astana nach Krasnojarsk zugestimmt habe. Wie im Falle von BP und Shell leugnete in diesem Fall auch der Lufthansa-Sprecher, dass es einen Zusammenhang zwischen dem Verhalten der staatlichen Behörden Russlands bei der Erteilung der Überflugrechte und dem Entschluss zur Entscheidung gegeben habe. Zwar hat die Lufthansa zusätzliche Überflugrechte nach Korea erhalten, doch lohnt sich der Umzug vor allem für Russland, das den Flughafen Krasnojarsk zum neuen Drehkreuz für die wirtschaftlich attraktiven Verbindungen zwischen Ostasien und Europa machen möchte – ein Milliardengeschäft.

Dass Unternehmen einen Zusammenhang zwischen einem plötzlichen Genehmigungs- oder Lizenzentzug und einer wirtschaftlichen Entscheidung ihrerseits leugnen, ist nachvollziehbar. In dieser asymmetrischen Abhängigkeit, in der sie einem politisch-wirtschaftlichen Geflecht aus russischen Unternehmen und dem russischen Staat gegenüberstehen, sitzen sie am kürzeren Hebel. Sie können es sich aus wirtschaftlichen Gründen einfach nicht leisten, den russischen Staat zu verärgern. Allerdings ist es kurzsichtig, dass es der europäischen Seite – in diesem Fall Deutschland –

nicht gelingt, solch russischer Willkür entgegenzutreten. Dadurch ermutigen wir die russische Seite geradezu zu einem solchen Verhalten und begünstigen die Kollision zwischen staatlichen und wirtschaftlichen Interessen in Russland – zu unseren Lasten.

Die Verstaatlichung ausländischer Unternehmen schreitet fort. Als letztes großes Gesetzgebungsvorhaben Putins verabschiedete die russische Staatsduma am 2. April 2008 ein Gesetz, das 42 Branchen definiert, in denen ausländische Unternehmen nur unter Auflagen und per Genehmigung mehr als 50 Prozent der Anteile halten dürfen. Selbst für bereits vollzogene Übernahmen in Russland besteht eine nachträgliche Meldepflicht.

Zwar hat Präsident Medwedew auf dem Wirtschaftsforum in Sankt Petersburg versprochen, das Gesetz wieder zu entschärfen – was aber bisher nicht geschehen ist. Stattdessen ist im Juli 2008 die Ausgabe russischer Aktien an ausländischen Börsenplätzen weiter eingeschränkt worden.

Das staatliche Vorgehen und die Einschränkung der Investitionsmöglichkeiten für ausländische Unternehmen in Russland hält aber Gazprom und andere russische Firmen nicht davon ab, ihrerseits im europäischen Ausland zu investieren. Dabei hat sich der Staatskonzern in Großbritannien, Italien, Deutschland und Frankreich einen direkten Zugang zu den Verbrauchern geschaffen. In Deutschland erklärte der Geschäftsführer von Gazprom Germania, Hans-Joachim Gornig, im April 2007 jedoch, dass Gazprom seine Investitionsvorhaben in Deutschland auf Eis gelegt habe. Angesichts des Verhaltens des russischen Staates ausländischen Investoren gegenüber klingt die Begründung geradezu grotesk: »Wir haben die Sorge, zu investieren und dann enteignet zu werden.« Konkret geht es dabei um das sogenannte »unbundling«, also die Entflechtung der Energiekonzerne. Auf Vorschlag der EU-Kommission soll eine solche Liberalisierung des Energiemarktes durch die Trennung von Energienetzen und Energieerzeugung mehr Wettbewerb ermöglichen. So soll auch kleineren Anbietern der Marktzugang ermöglicht werden, was wiederum zu günstigeren Verbraucherpreisen führen soll. Gornig erklärte, dass Gazprom Germania diese Diskussion nun »mit argwöhnischem Interesse« verfolge. Die Regulierungswut führe zu immer mehr Planwirtschaft, die Gazprom Germania von Investitionsentscheidungen abschrecke. Diese Ansichten sind nicht nur vor dem Hintergrund der innerrussischen Praxis, sondern auch angesichts der Biografie von Hans-Joachim Gornig bemerkenswert. Immerhin war Gornig in der DDR Regierungsbeauftragter für den Erdgasleitungsbau in der Sowjetunion gewesen. Der Russlandexperte der DGAP, Alexander Rahr, hält es für sehr wahrscheinlich, dass der KGB-Mann Putin einigen seiner alten Stasi-Freunde auf diesem Weg zu neuen und attraktiven Jobs verholfen hat: »Gazprom hat jahrzehntelang die DDR beliefert. Aus dieser Zeit gibt es enge Verbindungen, die sich bis heute fortsetzen. Putin will die Leute nicht im Regen stehen lassen, die jahrelang für die Sowjetunion von Nutzen waren, und hat ihnen Jobs verschafft.« Doch Gornig ist nicht der einzige Fall dieser Art. Als Geschäftsführer von Nordstream arbeitet Matthias Warnig eng mit dem Vorsitzenden des Aufsichtsrates des Unternehmens, Alt-Bundeskanzler Gerhard Schröder, zusammen. Schröder hat sich nach eigenen Angaben nach anfänglicher Ablehnung von Putin überreden lassen, für die russische Seite den Sitz im Aufsichtsrat und den Vorsitz zu übernehmen – eine Tätigkeit, die der frühere italienische Ministerpräsident und ehemalige Präsident der EU-Kommission, Romano Prodi, für das Southstream-Konsortium abgelehnt hat.

Warnig war früher als Industriespion der DDR in Düsseldorf tätig, wo er westdeutsche Unternehmen und Banken bespitzelt hat. Später arbeitete er für die Dresdner Bank und baute Anfang der 1990er Jahre deren Vertretung in Sankt Petersburg auf. Warnig widerspricht jedoch der naheliegenden Vermutung, Putin bereits während dessen Dienstzeit als Chef des KGB in Dresden kennengelernt zu haben. Heute behauptet er, ihn erst in den 1990er Jahren in Sankt Petersburg getroffen zu haben.

Der »postsowjetische« Raum

Die meisten politischen und kulturellen Werte teilen die Russen mit der großen Mehrheit der Europäer. Samuel P. Huntington definiert Russland als ein »zerrissenes Land«, das aber »zugleich der Kernstaat eines großen Kulturkreises« ist. Er vertritt die Ansicht, dass in der globalen Politik die Supermächte des Kalten Krieges abgelöst werden »von den Kernstaaten der großen Kulturkreise, die für andere Länder zum Hauptpol von Anziehung und Abstoßung werden«. Am deutlichsten sichtbar sei dieser Vorgang in dem westlichen, orthodoxen und dem sinischen Kulturkreis. Aus Sicherheitsgründen können – so Huntington – Kernstaaten »den Versuch unternehmen, einige Völker anderer Zivilisationen zu schlucken oder zu dominieren; um aber seine Ordnungsfunktion wahrnehmen zu können, müssen diese anderen Staaten den Kernstaat als kulturell verwandt anerkennen.«

Doch zur kulturellen Verwandtschaft im Sinne Huntingtons gehören insbesondere auch die politischen Werte. Und hier liegt das Problem für die russische Politik.

Die meisten europäischen Demokratien teilen nicht dieselben Werte mit dem Kreml. Daraus ergibt sich das Dilemma: Je mehr Russland sich von Demokratien umgeben fühlt, umso mehr fühlt sich die herrschende Klasse, die sich zunehmend aus aktiven oder ehemaligen Mitarbeitern des FSB zusammensetzt, bedroht. Je größer die Sphäre der Staaten wird, die Demokratien und Marktwirtschaften sind, umso sicherer fühlen sich dagegen die Staaten der Europäischen Union und der NATO. Deswegen besteht ein natürliches Interesse der Europäischen Union und der NATO-Staaten an einer qualitativen Stabilität durch Demokratie, Rechtsstaatlichkeit und Marktwirtschaft.

Dies ist aber nicht die Folge einer Schwächung, Demütigung oder Einkreisung Russlands, sondern schlicht die Konsequenz der restaurativen Entwicklung in Russland unter Putin.

Die russische Politik gegenüber den Staaten der GUS und anderen ehemaligen Sowjetrepubliken ist geprägt von einer Mischung aus postkolonialem Phantomschmerz und postsowjetischem Revanchismus. Dabei folgt das Denken der russischen Führung offensichtlich altsowjetischen und zaristischen Vorstellungen von Einflusssphären, Kräftekoalitionen und Nullsummenspielen. In seiner »mittelfristigen Strategie« gegenüber der EU aus dem Jahr 1999 betonte

Russland, es lehne »Sonderbeziehungen der EU mit einzelnen Ländern der GUS zum Schaden russischer Interessen« ab. In seiner Rede vor dem diplomatischen Corps am 12. Juli 2004 stellte Putin fest, es könne in den internationalen Beziehungen »kein Vakuum geben. Würde sich Russland einer aktiven Politik in der Gemeinschaft Unabhängiger Staaten (GUS) enthalten oder dort sogar eine unbegründete Pause einlegen, würde das unweigerlich zu nichts anderem führen, als dass dieser politische Raum von anderen, aktiveren Staaten energisch ausgefüllt würde.« In seiner jährlichen Ansprache zur Lage der Nation erklärte er im April 2005, dass die Beziehungen mit »unseren engsten Nachbarn« der wichtigste Teil von Russlands Außenpolitik waren und immer noch seien. Was das gegenüber der Ukraine heißt, machte im Juni 2008 der russische NATO-Botschafter Dimitri Rogosin deutlich, als er für den Fall eines NATO-Beitritts der Ukraine die Zugehörigkeit der Halbinsel Krim und damit die territoriale Integrität des Nachbarn Russlands in Frage stellte.

Um seine Ziele im »nahen Ausland« durchzusetzen, setzt Russland das gesamte Repertoire seiner diplomatischen, sicherheitspolitischen und wirtschaftlichen Instrumente ein. Das bezieht sich zum einen auf seine Geheimdienste, gilt aber auch für Importsanktionen, vor allem jedoch für die Strategie, die Abhängigkeit seiner Nachbarn von Gas- und Öllieferungen auszunutzen – und schließt letztlich auch den Einsatz militärischer Gewalt wie im Falle Georgiens ein.

Störenfried in Europa

Auch in der OSZE und im Europarat grenzt sich Russland immer mehr vom Westen ab. In der Charta von Paris hatten sich die KSZE-Staaten unter anderem darauf verpflichtet, »die Demokratie als die einzige Regierungsform unserer Nation aufzubauen, zu festigen und zu stärken«. Demokratie wurde definiert als auf dem Volkswillen gegründet, »der seinen Ausdruck in regelmäßigen, freien und gerechten Wahlen findet. Demokratie beruht auf Achtung vor der menschlichen Person und Rechtsstaatlichkeit. Demokratie ist der beste Schutz für freie Meinungsäußerung, Toleranz gegenüber allen gesellschaftlichen Gruppen und Chancengleichheit für alle.«

Die Festsetzung dieser gemeinsamen Standards war ein Meilenstein in der Geschichte des Nachkriegseuropas. Der erfahrene Diplomat und frühere deutsche Botschafter in Moskau, Hans-Georg Wieck, weist jedoch zu Recht darauf hin, dass der demokratische Transformationsprozess nur in den Ländern Fuß fassen konnte, deren Bevölkerungen und politische Eliten in die Europäische Union und die NATO strebten.

Deshalb brachen nur wenige Jahre später alte Divergenzen wieder auf. Kern dieses Konflikts in der OSZE zwischen den westlichen Staaten und Amerika sowie der Mehrheit der früher zur Sowjetunion gehörenden Staaten einerseits und Russlands andererseits ist die unterschiedliche Interpretation der Konvention. Während der Westen und die genannten Staaten die KSZE-/OSZE-Dokumente als Basis für die Verbreitung von gemeinsamen Werten betrachten, sieht Russland darin eine Auseinandersetzung um geopolitische Einflusssphären.

Russland beklagt, dass die OSZE sich zu sehr mit Fragen der Demokratie und Rechtsstaatlichkeit und zu wenig mit Sicherheitsfragen beschäftige. Besonders offensichtlich sind die Differenzen angesichts der Wahlbeobachtermission der OSZE zu den letzten Duma- und Präsidentschaftswahlen in Russland gewesen.

Schon seit Jahren arbeitet Moskau daran, die OSZE in ihrem Sinne zu verändern, die politisch-militärische Dimension aufzuwerten und den »dritten Korb« mit der menschlichen Dimension zu degradieren.

Im Jahr 2005 hatte Russland den Haushalt der OSZE bis Mai blockiert und warf der OSZE vor, insbesondere auf dem Boden der früheren Sowjetunion gegen russische Interessen zu arbeiten. So wäre es ohne die OSZE-Wahlbeobachtung in der Ukraine im Jahr 2004 nicht zur »Orangenen Revolution« gekommen, weil die zahlreichen Manipulationen und Regelverstöße des Regimes Kutschma nicht dokumentiert und die Vorwürfe der Opposition um den heutigen Präsidenten Juschtschenko nicht bestätigt worden wären. Ohne die technische Unterstützung und Beobachtung des dritten Wahlgangs hätte der Kandidat Moskaus, Janukowitsch, möglicherweise nicht eine solche deutliche Niederlage hinnehmen müssen. Ähnliches gilt für die Wahl von Michail Saakaschwili ein Jahr zuvor in Georgien und für die Tulpenrevolution in Kirgistan im März 2005 nach massiven Wahlfälschungen des früheren Präsidenten Akajew.

Der russische Außenminister erklärte beim OSZE-Außenministertreffen im November 2007 in Madrid, »einige

Staaten« versuchten, die OSZE zu einem Instrument der »zwangsweisen Demokratisiererei« zu machen.

Zu Beginn der 1990er Jahre war Russland gegenüber der OSZE noch wesentlich aufgeschlossener, weil Moskau mit ihr die Erwartung verband, sie zu einer Konkurrenzorganisation zur NATO ausbauen und diese möglicherweise ablösen zu können. Dieser Gedanke scheint nun bei Medwedew wieder auf, wenn er einerseits in seiner Berliner Rede den Zweck der NATO infrage stellt und andererseits für eine gesamteuropäische Friedensordnung plädiert, allerdings nach russischer Vorstellung.

Eine ähnliche Entwicklung wie in der OSZE ist auch im Europarat festzustellen. So hat das russische Parlament bis heute das Abkommen zur Abschaffung der Todesstrafe nicht ratifiziert, obwohl Russland seit 1996 Mitglied des Europarates ist und damit für Russland der Beitritt zur Europäischen Menschenrechtskonvention sowie ihre Zusatzprotokolle verbindlich sind. Dank eines Dekrets von Präsident Jelzin war in Russland allerdings die Todesstrafe ausgesetzt worden, und aufgrund eines Urteils des Verfassungsgerichts kann gegenwärtig die Todesstrafe weder verhängt noch vollstreckt werden. Diese Entscheidung kann durchaus als ein Erfolg der Einbindung Russlands in den Europarat angesehen werden. Umso bedauerlicher ist es, dass Russland als einziges Land von 47 Mitgliedsstaaten bisher die Reform des Europäischen Gerichtshofes für Menschenrechte blockiert, mit deren Hilfe er seinen Aufgaben wieder nachkommen und sich auf die wesentlichen Fälle konzentrieren könnte. Der Grund dafür liegt sicherlich in dem exponentiellen Ansteigen der Beschwerden und Urteile gegen die russische Föderation. Waren es im Jahr 1998 noch 211 Beschwerden und im Jahr 2000 bereits knapp 2000, gingen 2006 über 10 000 Beschwerden ein. Eine ähnliche Entwicklung ist auch bei den Urteilen zu verzeichnen. Das erste Urteil, in dem der Beschwerde gegen die russische Regierung stattgegeben wurde, erging im Jahr 2002. 2003 waren es fünf, 2005 bereits 83 und 2006 weit über 100 Urteile.

Die unverzichtbare Nation

Wie sich Russlands ausschließliche Orientierung an nationalen Interessen, sein Selbstverständnis als unverzichtbare Nation und sein Denken in den Kategorien von Nullsummenspielen und Einflusssphären im globalen Rahmen auswirken, kann am Kosovokonflikt, dem Konflikt um das iranische Nuklearprogramm und der Auseinandersetzung um den KSE-Vertrag veranschaulicht werden.

Im Jahr 1999 hatte Russland sich noch unter Jelzin bemüht, auf den jugoslawischen Despoten Slobodan Milošević einzuwirken, ohne Erfolg. Eine Belastung für die Beziehungen Russlands zur NATO stellten dann die Luftangriffe der NATO gegen Serbien im Frühjahr 1999 dar, die erforderlich waren, um einen Völkermord wie zuvor im bosnischen Srebrenica zu verhindern.

Erst nach dem 11. September 2001 und dem Terrorangriff auf das World Trade Center verbesserten sich die Beziehungen wieder. Während unter Jelzin die NATO-Intervention im Kosovo die Beziehungen zu Russland stark belastet hatte, suchte der neue Präsident Putin zunächst die Annäherung an USA und NATO. Ausdruck dieser Verbesserung war die Zustimmung Russlands zu den UN-Mandaten für friedenserhaltende Operationen in Bosnien-Herzegowina und dem Kosovo. So trug auch Russland die Einsetzung des UN-Sondergesandten Martti Ahtisaari mit, der mit der Aufgabe betraut wurde, eine Lösung zwischen Serben und Kosovoalbanern über den zukünftigen Status des Kosovo nach den Märzunruhen im Jahr 2004 zu verhandeln. Insbesondere die Grundlage seines Mandats – die sogenannten drei Neins: keine Rückkehr zum Status quo ante, keine Vereinigung mit einem anderen Staat der Nachbarschaft und keine Teilung – ließen kaum eine andere Lösung zu als die einer beschränkten Unabhängigkeit des Kosovo. Im ersten Halbjahr 2007 entzog Russland jedoch dem Ahtisaari-Plan seine Unterstützung. Mit seiner Erklärung, eine Lösung sei für Russland nur zu akzeptieren, wenn sowohl Serben als auch Kosovoalbaner ihr zustimmen, delegierte Russland de facto sein Vetorecht im UN-Sicherheitsrat an die Serben und machte es ihnen damit unmöglich, einem Kompromiss zuzustimmen. Am Scheitern der Bemühungen konnte auch die Einrichtung einer Troikamission unter Beteiligung der USA, Russlands und der EU – geführt von dem deutschen Diplomaten Wolfgang Ischinger – nichts mehr ändern. Sah es Ende Oktober zumindest für kurze Zeit noch so aus, als ob es doch noch eine Konsenslösung geben könnte, entschied sich Russland nach anfänglich konstruktiver Mitarbeit dann doch dafür, auch diesen letzten Versuch scheitern zu lassen, und verhinderte dadurch eine verhandelte Lösung unter Einbeziehung von Serben und Kosovoalbanern. Nach der Unabhängigkeitserklärung des Kosovo im Februar 2008, deren Bestandteil die wesentlichen Teile des

Ahtisaari-Plans waren, wurde auch die EULEX-Mission der Europäischen Union zum Aufbau von Rechtsstaat und Polizei in das Kosovo eingeladen. Die EU hatte die Hoffnung, dass ein Kompromiss mit den Vereinten Nation gefunden werden könnte und EULEX nach und nach die Aufgaben der UN-Mission im Kosovo, UNMIG, übernehmen würde. Doch die Verhandlungen waren aufgrund der russischen Haltung schwieriger als gedacht. Der UN-Generalsekretär Ban Ki-Moon legte daraufhin am 12. Juni 2008 dem UN-Sicherheitsrat einen Bericht zur Rekonfiguration der internationalen Präsenz im Kosovo vor und bekundete darin seine Absicht, die unterschiedlichen Formen der internationalen Präsenz im Kosovo so aufeinander abzustimmen, dass EULEX auf diese Weise unter einen wie auch immer gearteten »UN-Schirm« kommen würde – es sei denn, der Sicherheitsrat würde etwas anderes beschließen. Die Diskussion im Sicherheitsrat brachte eine breite Unterstützung für das von UN-Generalsekretär Ban Ki-Moon vorgeschlagene Vorgehen. Insgesamt signalisierten 11 von 15 Staaten ihre Zustimmung, darunter auch China und Indonesien. Lediglich Vietnam und Russland sprachen sich dagegen aus und waren damit im Sicherheitsrat isoliert. Nachdem ein gegenteiliger Beschluss des Sicherheitsrates nicht zustande gekommen war, war der Weg nunmehr für die vom Generalsekretär in seinem Bericht vorgeschlagenen Schritte frei.

Deutliche Interessenunterschiede zwischen der EU und den Vereinigten Staaten auf der einen Seite und Russland auf der anderen gibt es auch im Hinblick auf das iranische Nuklearprogramm. Zwar kann auch Russland kein Interesse an einem nuklear bewaffneten Iran haben, doch hat Moskau eine Reihe weiterer Interessen in der Region, die es weder mit der EU noch mit den Amerikanern teilt. Anders als die USA und die EU hat Russland gemeinsame Nachbarn mit dem Iran. Daraus ergibt sich das natürliche Interesse an guten Beziehungen. Russland ist zudem bestrebt, die muslimischen Bevölkerungsteile im Süden des Landes und nicht nur in Tschetschenien von Unruhen, Aufständen oder Separationstendenzen abzuhalten. Damit teilt es ein weiteres Interesse des Iran, dessen Bevölkerung nur zur Hälfte aus Persern besteht, während die meisten nichtpersischen Ethnien in den Grenzregionen zu Aserbaidschan, Turkmenistan und dem Irak leben. Der Iran ist zudem ein wichtiger Handelspartner für Russland. Darüber hinaus will Moskau den Iran an der von ihm betriebenen Gründung eines Kartells Erdgas exportierender Länder einbeziehen. Russland verfügt über die größten, Iran über die zweitgrößten Erdgasvorkommen der Welt. Beide Länder sind daher an hohen Energiepreisen interessiert und verdienen an der fortwährenden Krise beträchtlich.

So ist es immer wieder vorgekommen, dass Russland hinhaltenden Widerstand gegen neue Sanktionen des UN-Sicherheitsrates ausübt oder dem Iran Waffen liefert. Diese russische Haltung wiederum bestärkt in Teheran die Hardliner, die der Ansicht sind, dass die internationale Gemeinschaft zu durchgreifenden Maßnahmen gegen den Iran sowieso nicht in der Lage sei und man sich deswegen auch nicht den Resolutionen des Sicherheitsrates beugen müsse.

Die russische Außenpolitik verfolgt damit widersprüchliche oder jedenfalls schwer miteinander zu vereinbarende Ziele. Der wesentliche Konflikt besteht darin, einerseits den Iran als möglichen Verbündeten nicht zu verprellen, um den amerikanischen Einfluss im Nahen und Mittleren Osten zurückzudrängen, andererseits aber auch eine nukleare Bewaffnung dieses Landes zu verhindern. Kommen schließlich Sanktionsbeschlüsse zustande, achtet Russland aber darauf, dass seine strategischen Interessen nicht allzu sehr berührt werden. Dabei ist das russische Interesse, das iranische Kernkraftwerk Bushehr mit Brennstäben zu beliefern, mit dem Interesse der internationalen Gemeinschaft vereinbar, wird auf diese Weise doch deutlich, dass jedenfalls für zivile Zwecke das Anreichungsprogramm nicht erforderlich ist. Denn der Iran verfügt noch nicht einmal über ein im Bau befindliches oder geplantes Kernkraftwerk, in dem der von ihm hergestellte nukleare Brennstoff einer zivilen Nutzung zugeführt werden könnte.

Im Widerspruch zu den Bemühungen, den Iran auf diplomatische Weise von seinen Ambitionen abzubringen, stehen jedoch die Waffenlieferungen Russlands an den Iran oder die diplomatische Aufwertung, die Präsident Putin dem iranischen Präsidenten Ahmadinedschad durch seinen Besuch und die Einladung nach Moskau zuteil werden ließ.

Auf Putins Initiative wurde Iran auch der Beobachterstatus bei der Shanghai Cooperation Organisation (SCO) verliehen, einer von China und Russland dominierten, bislang auf Zentralasien beschränkten Organisation. Teheran und Moskau haben in dieser Region das gemeinsame Interesse, den strategischen Einfluss der Vereinigten Staaten zurückzudrängen. Russland braucht die Energieressourcen der Region, um seinen Energieexportverpflichtungen nachkommen zu können. Zudem ist Russland mit Blick auf die eigene muslimische Bevölkerung an der Stabilität der muslimischen Staaten Zentralasiens interessiert. Unter Putin hat Russland sein Engagement in der SCO deutlich ausgeweitet, um den russischen Einfluss in Zentralasien wieder auszubauen und die Region nicht China zu überlassen, andererseits aber gemeinsam mit China den Einfluss des Westens und insbesondere der USA zurückzudrängen. Die vor allem von den USA in Zentralasien betriebene Verbreitung von Demokratie wird wie von Russland und China auch von den einheimischen traditionellen Eliten abgelehnt, doch hat weder Russland noch China eine eigene Vision für die langfristige Stabilisierung Zentralasiens.

Ebenfalls widersprüchlich ist die russische Haltung zu den amerikanischen Plänen eines nationalen Raketenabwehrsystems. Die Pläne zum amerikanischen Raketenschild in Osteuropa nahm Putin am 26. April 2007 zum Anlass, in seiner Rede zur Lage der Nation die Suspendierung der Verpflichtung seines Landes aus dem Vertrag über konventionelle Streitkräfte in Europa (KSE) zu verkünden. Der KSE-Vertrag war 1990 zwischen dem damaligen Warschauer Pakt und der NATO geschlossen worden, um ein militärisches Gleichgewicht in Europa sicherzustellen. Außenminister Steinmeier bezeichnet ihn immer wieder als »eine Säule der Sicherheitsarchitektur in Europa«. Das Übereinkommen über die Anpassung zum KSE-Vertrag (A-KSE) war im November 1999 auf der OSZE-Gipfelkonferenz von Istanbul unterzeichnet worden. Dort hatte sich Russland verpflichtet, seine Truppen aus Georgien, Moldau und Transnistrien zurückzuziehen. Dieser Verpflichtung ist Russland bisher nicht vollständig nachgekommen. Der KSE-Anpassungsvertrag war daher auch von den NATO-Mitgliedsstaaten nicht ratifiziert worden. Mittlerweile sind die NATO-Staaten Russland mit dem Angebot einer Zug-um-Zug-Ratifizierung entgegengekommen. Die von Russland angekündigte Suspendierung ist allerdings gar nicht im KSE-Vertrag vorgesehen. Jedoch besteht die Möglichkeit, innerhalb einer Frist von 150 Tagen aus ihm auszutreten. Ebenso sind die von Russland vorgebrachten angeblichen Verstöße der NATO durch die Stationierung amerikanischer Soldaten in Rumänien und Bulgarien wenig überzeugend. Dort befinden sich auf Rotationsbasis etwa 5000 amerikanische Soldaten mit leichter Bewaffnung, die nicht der NATO unterstellt sind. Diese wären auch gar nicht dafür geeignet, einen Überraschungsangriff auf Russland durchzuführen. Sie sind vor allem mit der Ausbildung der dortigen Streitkräfte und mit logistischen Fragen beschäftigt. Möglicherweise bezweckt der Kreml mit der Suspendierung des KSE-Vertrages auch, den Weg frei zu machen für einen Ausstieg aus dem INF-Vertrag über Mittelstreckenraketen. Im Februar 2007 hatte Putin bereits erklärt, dass dieser Vertrag »nicht mehr im Interesse Russlands« sei. Und der inzwischen von Medwedew zum Stellvertretenden Sekretär des nationalen Sicherheitsrates von Russland ernannte frühere Generalstabschef Juri Balujewski hatte für den Fall, dass die USA ihre Raketenabwehrpläne in Osteuropa weiter vorantrieben, ein Ausscheiden Russlands aus dem INF-Vertrag angedroht. Das könnte Russland die Möglichkeit eröffnen, Raketen kürzerer Reichweite zu entwickeln, die es einerseits gegen eine mögliche nukleare Bedrohung aus dem Iran, andererseits aber auch gegen Europa richten könnte.

In der Auseinandersetzung um das nationale Raketenabwehrprogramm der Amerikaner scheint es das russische Selbstwertgefühl zu verletzen, von den USA noch nicht einmal mehr als potenzielle nukleare Bedrohung wahrgenommen zu werden. Denn die verschiedenen Einwände, dass das Programm auch gegen Russland gerichtet sei, sind nicht überzeugend. So könnten amerikanische Flugabwehrkörper aus Mittel- und Osteuropa russische Interkontinentalraketen gar nicht erreichen, die gegen die USA gerichtet sind, weil die Flugbahn solcher Raketen nicht über Europa, sondern über den Nordpol führt. Zudem ist die geringe Anzahl solcher Abwehrraketen, die nicht durch einen konventionellen oder gar nuklearen Sprengkopf die feindliche Rakete zerstören sollen, sondern allein durch kinetische Energie, gar nicht geeignet, eine ernsthafte Bedrohung für das strategische Nuklearwaffenarsenal der Russen darzustellen. Das sieht auch der Kommandeur der strategischen Raketentruppen, General Nikolaj Solowzow, nach anfänglichem Zögern so: »Die Stationierung von Elementen des amerikanischen Raketenabwehrsystems in Polen und Tschechien wird sich nicht wesentlich auf unsere strategischen Komponenten auswirken.«

Dennoch drohten russische Generäle schon im Februar 2007, Polen und Tschechien in die Zielerfassung ihrer strategischen Raketentruppen aufzunehmen. Seither werden diese Einschüchterungsversuche ständig wiederholt.

Rückkehr eines deutsch-russischen Sonderverhältnisses?

In einer Studie für den »European Council on Foreign Relations« mit dem Titel »A Power audit of EU-Russia Relations« teilen Mark Leonard und Nicu Popescu die Staaten der Europäischen Union aufgrund ihrer unterschiedlichen Beziehungen zu Russland in fünf Gruppen ein. Die erste Gruppe bezeichnen sie als die »trojanischen Pferde«, deren Russland sich mit Verlässlichkeit bedienen kann: Griechenland und Zypern. Die zweite Gruppe ist die der »strategischen Partner«, bestehend aus Frankreich, Deutschland, Italien und Spanien. Die dritte sind die der »freundlichen Pragmatiker« aus Österreich, Belgien, Bulgarien, Finnland, Ungarn, Luxemburg, Malta, Portugal, der Slowakei und Slowenien. Zur vierten Gruppe der »skeptischen Pragmatiker« zählen die Autoren die Tschechische Republik, Dänemark, Estland, Irland, Lettland, die Niederlande, Schweden, Rumänien und Großbritannien. Die fünfte Gruppe der »neuen Kalten Krieger« wird von Litauen und Polen gebildet.

Unter den strategischen Partnern nimmt Deutschland als größtes Land der EU wiederum eine Sonderrolle ein, zumal die deutsch-russischen Beziehungen traditionell besonders eng sind. Russland und Deutschland blicken auf eine lange und wechselvolle Geschichte zurück. Sie reicht von enger Freundschaft bis zu markanter Rivalität und verlustreichen Kriegen. Zu kaum einem anderen Land waren die Beziehungen derart ambivalent – auch und gerade zu Zeiten, als enge dynastische Verbindungen bestanden.

Es war eine Deutsche, die das Zarenreich als feste Größe in der europäischen Politik etablierte: Katharina die Große. Sie war entschlossen, die Macht Russlands nicht nur zu konsolidieren, sondern zu erweitern. Nach gewonnenem Türkenkrieg schien sie sich auch die Krim und die Donaufürstentümer Moldau und Walachei einverleiben zu wollen, was Friedrich den Großen von Preußen zu der Feststellung veranlasste: »Ich würde einen unverzeihlichen Fehler begehen, wenn ich zur Vergrößerung einer Macht beitrüge, die ein furchtbarer und schrecklicher Nachbar für ganz Europa werden kann.« Opfer dieser daraufhin initiierten preußischen und österreichischen »Eindämmungspolitik« gegenüber dem Zarenreich wurde Polen. Dass die drei Teilungen 1772, 1793 und 1795 unter Russland, Preußen und Österreich im Gedächtnis der Polen immer noch verhaftet sind, ist bei der Diskussion um die sogenannte Ostsee-Pipeline zu spüren.

Auch in Bismarcks Bündnissystem spielte Russland eine bedeutende Rolle. Den Dreikaiserbund mit Russland und Österreich ergänzte der erste deutsche Reichskanzler um den berühmt-berüchtigten geheimen Rückversicherungsvertrag mit Sankt Petersburg, ein Neutralitätsabkommen, dessen wesentliches Element der gegenseitige Schutz gegen einen Zweifrontenkrieg war. Damit wollte er auch demonstrieren, dem mächtigen und großen Nachbarn ebenbürtig und kein Juniorpartner zu sein. Die Nachfolger Bismarcks waren allerdings mit diesem ausgeklügelten System überfordert, gaben den verschiedenen Bündnisverbindungen mit Russlands Rivalen Österreich-Ungarn den Vorrang und lockerten auf diese Weise die Beziehungen zum Zarenreich. Wie sich allzu bald herausstellen sollte, zum eigenen Nachteil, denn

Russland schloss nun ein Bündnis mit Frankreich – und die von Bismarck immer gefürchtete und mit allen Mitteln zu vermeiden gesuchte Zweifrontenkriegssituation war da. Es zeigte sich, dass eine Fehleinschätzung der Bedeutung Russlands durch die deutsche Führung für Deutschland fatale Folgen haben konnte. Die Entscheidung Kaiser Wilhelms II., Lenin im Jahr 1917 durch das Deutsche Reich nach Russland reisen zu lassen, hatte allerdings zunächst fatale Konsequenzen für das Zarenreich.

Nach dem Ersten Weltkrieg versuchten Deutschland und Russland mit ihrem Vertrag von Rapallo ihre außenpolitische Isolation 1922 zu überwinden. Ihre ideologischen Gegensätze traten dabei vollkommen in den Hintergrund, schien es doch für beide um das schiere außen- und wirtschaftspolitische Überleben zu gehen. Allerdings zeigte sich auch, dass das Kalkül Berlins, seine Stellung gegenüber den Westmächten zu verbessern, nicht aufging. Im Gegenteil schürte das Abkommen gerade in Frankreich den Verdacht, Berlin würde sich nach Osten orientieren und die beiden neuen Partner planten eine erneute Teilung Polens. Der Hitler-Stalin-Pakt war das Manifest des totalitären Machtanspruchs von Nationalsozialismus und Kommunismus und hat Hitler den Überfall auf Polen erheblich erleichtert. Nach dem Angriff des nationalsozialistischen Deutschlands auf die UdSSR hatte die Sowjetunion den Verlust von ca. 27 Millionen Menschen zu beklagen.

Wirtschaftlich waren die deutsch-russischen Beziehungen unabhängig von den jeweiligen politischen Systemen eng. Katharina die Große siedelte deutsche Bauern im Wolgabecken an, deutsche Adlige verwalteten die baltischen Provinzen des russischen Zarenreichs. Schon vor dem Ersten Weltkrieg war Deutschland Russlands größter Handelspartner und ist es wieder seit dem Ende des Kalten Krieges.

Die Beziehungen und das Denken der Deutschen über Russland nach dem Zweiten Weltkrieg sowie Russlands Außen- und Nachbarschaftspolitik sind ohne den jeweiligen Bezug zu den USA nicht zu erklären. Erst das dauerhafte Engagement der USA auf dem alten Kontinent machte die Befriedung Europas möglich.

Die USA blieben auch nach dem Ende des Ost-West-Konflikts – wie es die KSZE-Schlussakte von Helsinki mit der Unterschrift Leonid Breschnews auch völkerrechtlich verbindlich konstituierte – eine europäische Macht. Dabei spielte und spielt Deutschland für die jeweilige Europapolitik der USA und Russlands eine besondere Rolle. Das liegt an der besonderen strategischen Bedeutung, die Deutschland in Europa zukommt und die paradoxerweise von den Deutschen selbst kaum wahrgenommen wird. Deutschland ist als größte Volkswirtschaft, als bevölkerungsreichster Staat und als Land mit den meisten Nachbarn die zentrale Nation Europas. Keine Sprache wird auch in der erweiterten Europäischen Union mehr gesprochen als Deutsch. Kein anderes Land prägt und reflektiert den Charakter Europas so sehr wie Deutschland.

Die mit dem Mauerbau 1961 buchstäblich in Beton gegossene Teilung Deutschlands spiegelte die Teilung Europas in Demokratie und Diktatur wider. Zuvor hatte Stalin auf verschiedene Weise, mit Peitsche, aber auch mit Zuckerbrot, versucht, des gesamten Deutschlands habhaft zu werden. Nach der Blockade Berlins folgte die Stalin-Note, in der die UdSSR die Schaffung eines vereinten neutralen Deutschlands und freie Wahlen erst nach einem Verhandlungsprozess vorsah. Nach der Öffnung der russischen Archive scheint heute klar, was in der jungen Bundesrepublik noch umstritten war: Das Angebot war nicht ernst gemeint und hatte den Zweck, die Westintegration der jungen Bundesrepublik zu verhindern. Damals waren aber Gustav Heinemann, Johannes Rau und Erhart Eppler der Ansicht, dass eine Chance auf die Wiedervereinigung Deutschlands vertan worden war.

In ihrem Godesberger Programm von 1959 bekannte sich die SPD nicht nur zur Sozialen Marktwirtschaft, sondern akzeptierte auch die Westintegration der Bundesrepublik Deutschland. Diese Westbindung war die Voraussetzung für die Entspannungspolitik, für die der damalige Bundeskanzler Willy Brandt 1971 mit dem Friedensnobelpreis ausgezeichnet wurde. Erst der Zusammenbruch der Sowjetunion machte die deutsche Einheit und die Wiedervereinigung Europas unter dem Schirm der NATO möglich. Es ist nach wie vor ein unschätzbarer Erfolg, dass es dem damaligen Bundeskanzler Helmut Kohl gelang, trotz anderer Auffassung selbst seines Außenministers Hans-Dietrich Genscher die Mitgliedschaft des vereinigten Deutschlands in der NATO zu erreichen.

In dieser Zeit waren die deutsch-russischen Beziehungen in ein System enger Kooperation und vertrauensvollen Dialogs mit den USA und den europäischen Nachbarn eingebettet. Es war ein Markenzeichen der Europapolitik Kohls, neben der engen Zusammenarbeit mit Frankreich auch die kleinen Mitgliedsstaaten der EU frühzeitig in den Konsultationsprozess einzubeziehen. Der kurz nach der Wiedervereinigung beschlossene Vertrag von Maastricht und die europäische Währungsunion machten deutlich, dass das wiedervereinigte Deutschland seinen Platz in Europa sah. Der Ausschluss deutscher Sonderwege wurde zum ehernen Diktum Kohl'scher Europa- und Außenpolitik.

Das Ende des Kalten Krieges, die Wiedervereinigung und der Irakkrieg haben das Denken der Deutschen und ihre Beziehungen zu den USA und Russland mehr und tiefer beeinflusst, als allgemein zur Kenntnis genommen wird. Dazu haben eine Reihe von Faktoren beigetragen. Die Unterschätzung der wirtschaftlichen Herausforderung, die der Staatsbankrott der DDR hervorgerufen und den Wiederaufbau der Neuen Bundesländer nötig gemacht haben, hatte nach einem anfänglichen konjunkturellen Binnenhoch zu einer tiefen Frustration in der ostdeutschen Bevölkerung über die angeblich ausbleibenden »blühenden Landschaften« geführt. Die anhaltenden Transferleistungen von West nach Ost begünstigten die Subventionsmentalität, verstellten den Blick für die enorme Eigenleistung der Ostdeutschen und ließ unter ihnen das Gefühl wachsen, »Bürger zweiter Klasse« zu sein, von dem paradoxerweise gerade die politischen Kräfte profitierten, die für den Staatsbankrott verantwortlich waren. Hinzu traten die Probleme, die sich dank des wirtschaftlichen Erfolges im Westen vor der Wiedervereinigung als nicht so gravierend dargestellt hatten.

Während das vereinte Deutschland im Wesentlichen mit sich selbst beschäftigt war, wurden die Befreiung Kuwaits und die ersten Balkankriege erste Vorboten dafür, dass weder innerhalb noch außerhalb Europas das Ende des

Ost-West-Konflikts das »Ende der Geschichte« bedeuten würde.

Mit der Überwindung der deutschen Teilung an der Nahtstelle der Blockkonfrontation war es auch mit der jeweiligen Sonderstellung der Deutschen in beiden Systemen vorbei. Der Fokus der Weltpolitik wanderte weiter, nach Osten und nach Süden. Schneller als ihnen lieb war, erfuhren die Deutschen, dass dem nun souveränen Gesamtdeutschland nicht nur Rechte, sondern auch Pflichten im Rahmen der internationalen Gemeinschaft zukamen, die eine schmerzhafte Veränderung zu der unter der Käseglocke beschränkter Souveränität geübten Enthaltung waren. Immer drängender trat dabei die einstige Schutzmacht USA auf, die zwar noch eine militärische Abstinenz Deutschlands beim zweiten Golfkrieg 1991 akzeptierte, aber nicht mehr bei der NATO-Intervention im Kosovo.

In den 1990er Jahren führte das Institut für Demoskopie Allensbach eine Reihe großer Umfragen durch, deren Ergebnisse in der »Frankfurter Allgemeinen Zeitung« veröffentlicht wurden. Bereits 1995 wurde festgestellt, dass die im Westen dominierende Vorstellung, nach dem Zusammenbruch der DDR sei der Sozialismus, die Staatsdoktrin der SED, bei der Bevölkerung diskreditiert, demoskopisch nicht zu halten war. Gleichzeitig wurden von den meisten Ostdeutschen die Ablehnung der Stalin-Note und die Nichtanerkennung der DDR-Staatsbürgerschaft durch die Bundesrepublik als eine Missachtung der DDR empfunden, die sie auch persönlich getroffen hatte.

Auseinander gingen zwischen Ost- und Westdeutschen auch die Einschätzungen, wer »die entscheidende Rolle beim Sieg über den Faschismus« gespielt habe. Während

69 Prozent der Westdeutschen die Vereinigten Staaten nannten, waren 87 Prozent der Ostdeutschen der Ansicht, dass diese Rolle der Sowjetunion zustehe.

Auch das Verhältnis zu Russland wurde in Ost- und Westdeutschland asymmetrisch gesehen: Während die Ostdeutschen in ihrer großen Mehrheit das Heldenbild der Russen übernommen hatten und als größte Leistungen den Bau des ersten Satelliten Sputnik, den Sieg der Russen im Zweiten Weltkrieg oder die Oktoberrevolution nannten, wurden zwar sportliche Leistungen von Ost- und Westdeutschen nahezu gleichmäßig gerühmt, die kulturellen Leistungen in der Musik oder der Literatur aber eher von den Westdeutschen hervorgehoben.

Mit dem Irakkrieg sollte sich das Verhältnis der Deutschen zu Russland und den USA erneut grundlegend ändern. Nach Überwindung des Ost-West-Konflikts stellen die Ereignisse vor, während und nach diesem Feldzug gegen Saddam Hussein die gravierendste Richtungsänderung der deutschen Außenpolitik nach dem Zweiten Weltkrieg dar.

Wie sehr der Irakkrieg das Vertrauen der Deutschen zu den USA erschüttert hat, war noch 2005 in einer Allensbach-Umfrage zu lesen. Lange Zeit hatten die USA Vorrang, wenn nach besonders guten und engen Beziehungen gefragt wurde. 2005 nun nannten 78 Prozent Frankreich und bereits auf dem zweiten Platz mit 45 Prozent Russland. Nach Österreich kamen die USA erst auf den vierten Platz mit 41 Prozent. Noch gravierender war das Ergebnis, als nach dem Land gefragt wurde, von dem die größte Bedrohung für den Frieden in der Welt ausgehe. Dort wurden nach dem Iran, Nordkorea und dem Irak die USA mit 35 Prozent bereits an vierter Stelle genannt. Russland kam erst an

14. Stelle mit nur 14 Prozent. Die Frage schließlich, mit welchem Land schon heute die Zusammenarbeit besonders gut und eng sei, beantworteten nach Frankreich (78 Prozent) bereits an zweiter Stelle 45 Prozent der Befragten zugunsten Russlands und 41 Prozent mit den Vereinigten Staaten von Amerika.

Noch Ende 2007 erstaunte Helmut Schmidt mit der Ansicht, von Russland gehe »heute viel weniger Gefahr aus als etwa von Amerika«. Es wäre zwar »Unfug«, Putin einen lupenreinen Demokraten zu nennen, aber er sei ein »aufgeklärter Potentat«, der sich »leider … von der amerikanischen Regierung in keiner Weise ernst genommen … fühlt«.

Gerhard Schröder war es gelungen, mit der Ablehnung einer Beteiligung an einer militärischen Operation gegen den Irak, selbst wenn sie vom UN-Sicherheitsrat ausdrücklich mandatiert gewesen wäre, die Vorbehalte in Ostdeutschland gegen die USA mit dem westdeutschen Antiamerikanismus, der im Wesentlichen linke Wurzeln hat, aber auch im bürgerlichen Lager und rechts außen Unterstützung findet, zu verbinden.

Es ist schwer zu sagen, ob es Schröder bei diesem Manöver in erster Linie um den Wahlsieg oder das Nein zum Irakkrieg gegangen ist. Noch im Januar 2002 hatte er während eines USA-Besuches das Gefangenenlager in Guantánamo gegen Kritik verteidigt. Und die amerikanische Administration legt Wert auf die Feststellung, dass Schröder dem US-Präsidenten Bush seine moralische Unterstützung im Falle eines militärischen Vorgehens gegen den Irak zugesichert habe. Nicht das Nein zum Irakkrieg an sich, sondern dieser Wortbruch und die Opposition gegen die USA im UN-Sicherheitsrat habe das persönliche Verhältnis von Bush und Schröder zerrüttet und den deutsch-amerikanischen Beziehungen schweren Schaden zugefügt. Jedenfalls hat Schröder den Irakkrieg genutzt, um für die verbleibenden drei Jahre seiner Regierungszeit die Außenpolitik in der Zusammenarbeit mit Jacques Chirac und Wladimir Putin im Sinne einer Achse Paris-Berlin-Moskau auszurichten, die wenig Wert auf eine Abstimmung innerhalb der EU oder der NATO legte. Der offene Brief von acht europäischen Staats- und Regierungschefs vom Januar 2003, in dem diese die amerikanische Position zum Irak unterstützten, symbolisierte die Spaltung Europas.

Vor dem Irakkrieg bedurfte es noch intensiver Bemühungen insbesondere von deutscher Seite, Putin für eine Allianz gegen die USA in den Vereinten Nationen zu gewinnen. Ende Februar 2003 war Schröder zu diesem Zweck nach Moskau gereist und hatte drei Stunden mit Putin unter vier Augen – auch ohne außenpolitische Berater und Dolmetscher – gesprochen. Danach war Putin trotzdem deutlich zurückhaltender in der Bewertung des Vorgehens Amerikas und seiner Verbündeten als Schröder.

Dass Deutschland und Frankreich zu der Zeit nur zu beschränkter Solidarität im Rahmen der NATO bereit waren, zeigte ihre Weigerung, der Türkei im Jahr 2003 Patriot-Raketen zur Verfügung zu stellen. Die Sonderbeziehung zu Moskau, die Ostsee-Pipeline und die Beschimpfung der mittel- und osteuropäischen Staaten durch Chirac haben insbesondere in Polen und den baltischen Staaten den Eindruck hervorgerufen, dass man sich im Zweifel nicht auf die Europäer, sondern allein auf die USA verlassen könne, wenn die eigene Sicherheit bedroht sei. Diese Haltung wirkt bis heute in der Frage des Raketenabwehrprogramms und des

Genehmigungsverfahrens der Ostsee-Pipeline nach und erschwert eine europäische Russlandpolitik.

Wie sehr wiederum Schröders Sicht Russlands von seinem Urteil über die USA abhängt, ist seinen Erinnerungen zu entnehmen, wenn er vor einer Re-Ideologisierung der deutsch-russischen Beziehungen und vor antirussischen Vorurteilen warnt, die aus der kommunistischen Zeit herrührten und durch die amerikanische Außenpolitik unter Bush ebenso geschürt würden wie durch eine historisch abgeleitete Aversion Polens gegen Russland.

Sein Verdienst sieht er in einer »gerade erlangten« freien und unabhängigen Außenpolitik, die man nicht dadurch wieder aufgeben dürfe, dass man sich an die »Rockschöße amerikanischer Außenpolitik« klammere – »mit verhängnisvollen Folgen für die Interessen Deutschlands in Europa und Europas in der Welt«(!). Dieses Erbe zu bewahren, schreibt er auch seiner Partei als sein Manifest ins Stammbuch.

Sozialdemokraten als bessere »Russlandversteher«

Es ist unschwer festzustellen, dass sich hinter diesen Formulierungen eine klare Distanzierung von der Außenpolitik seiner Nachfolgerin Angela Merkel verbirgt. Das gilt sowohl für ihre Zusammenarbeit mit dem amerikanischen Präsidenten George W. Bush als auch für ihr erfolgreiches Bemühen um eine Verbesserung der Beziehungen zu Polen und schließlich für ihre stärker an Fragen der Rechtsstaatlichkeit und Menschenrechten ausgerichtete Russlandpolitik.

Auf ihrer ersten Russlandreise als Bundeskanzlerin sprach sie in Moskau neben den bilateralen und wirtschaftspolitischen Fragen auch die Lage der Menschenrechte und die besorgniserregende Entwicklung der Rechtsstaatlichkeit in Russland an. Auf dem EU-Russland-Gipfel unter deutscher Präsidentschaft in Samara kam es zu einem offenen Disput zwischen Merkel und Putin. Putin hatte das gewaltsame Vorgehen russischer Sicherheitskräfte gegen Oppositionelle und den Umstand, dass Oppositionspolitikern wie dem ehemaligen Schachweltmeister Garri Kasparow die Anreise nach Samara verwehrt wurde, mit dem Vorgehen deutscher Sicherheitskräfte auf dem G-8-Gipfel von Heiligendamm verglichen. Merkel widersprach ihm strikt.

Merkels nicht nur an Wirtschaftsfragen ausgerichtete Russlandpolitik ist für Schröder zu »emotional« und nur mit ihrer ostdeutschen Biografie zu erklären. Dabei haben Menschenrechts- und Fragen des politischen Systems Schröders außenpolitisches Denken nie sonderlich bestimmt.

Als niedersächsischer Oppositionsführer nannte er Erich Honecker anlässlich eines Besuchs in der DDR im Jahr 1985 einen »zutiefst anständigen Mann«. Er setzte sich für die Schließung der Zentralen Erfassungsstelle Salzgitter ein. Als niedersächsischer Ministerpräsident und Kanzlerkandidat der SPD war er der einzige westliche Regierungschef, der den weißrussischen Diktator Lukaschenko empfing. Hingewiesen auf die Sanktionen der EU gegen Lukaschenko, antwortete er, es sei ihm um die Beförderung deutscher ökonomischer Interessen gegangen. Als Bundeskanzler beschränkte sich sein Kommentar zu den massiv gefälschten

Wahlen in Tschetschenien von 2004 darauf, dass er »eine empfindliche Störung der Wahlen« nicht gesehen habe.

Manchmal schießt er aber auch über das Ziel hinaus: Sein Wort vom »lupenreinen Demokraten« hat Wladimir Putin mehr geschadet als genützt. Denn er hat für ihn einen Maßstab aufgestellt, den dieser kaum erfüllen wollen dürfte.

In seinem Buch »Entscheidungen« würdigt er als »wirklich historisches Verdienst« des russischen Präsidenten Putin, »die Wiederherstellung staatlicher Strukturen eingeleitet und für seine Bürger wie für Unternehmen und Investoren erstmals so etwas wie Rechtssicherheit geschaffen« zu haben. Allerdings bleibt im Weiteren unerläutert, was der Volljurist Schröder unter »so etwas« versteht. Michail Gorbatschow und der amtierende russische Präsident Medwedew sind offensichtlich anderer Auffassung: Medwedew hatte während seiner Kampagne als Präsidentschaftskandidat in seiner mittlerweile häufig zitierten Krasnojarsker Rede den »Rechtsnihilismus« als ernsthafte Gefährdung für die Entwicklung des Landes bezeichnet, und Gorbatschow schrieb am 13. Juni 2008 in der »International Herald Tribune« unter der Überschrift »Russland und die EU«, dass mit den Vorhaben Medwedews, den Rechtsnihilismus zu bekämpfen, die Stärkung der Rechtsstaatlichkeit gemeint sei.

Ende April 2007 entschied sich die estnische Regierung, ein sowjetisches Kriegerdenkmal zu verlegen, das einen Soldaten der Roten Armee – den sogenannten Bronze-Soldaten – zeigte. Wegen der traditionell am 9. Mai in Moskau anlässlich des Sieges im Zweiten Weltkrieg stattfindenden Feierlichkeiten war der Zeitpunkt eine Provokation, die Estland hätte vermeiden können. Für ethnische Esten ist dieses Denkmal aber nicht in erster Linie Ausdruck der Befreiung vom Hitler-Faschismus, wie es von russischer Seite immer wieder heißt, sondern der zweiten sowjetischen Okkupation im Jahr 1944, der die Besetzung durch die Wehrmacht seit 1941 vorausgegangen war. Im Juni 1941 wurden insgesamt 50 000 Esten, unter ihnen 2500 Kinder, deportiert, hingerichtet oder in die Rote Armee eingezogen. Nach der erneuten Besetzung Estlands durch die Rote Armee wurden nochmals rund 20 000 Menschen, überwiegend Frauen und Minderjährige, nach Sibirien deportiert. In Estland fiel ungefähr ein Sechstel der Gesamtbevölkerung entweder den Nazis oder den Sowjets zum Opfer.

Die Verlegung des Denkmals in Talinn brachte den Esten nicht nur anhaltende Proteste und Ausschreitungen junger Russen ein. Die estnische Botschafterin in Moskau wurde von Mitgliedern der vom Kreml gesteuerten Jugendorganisation »Naschi« (die Unsrigen) bedroht und angegriffen.

Ohne jedes Verständnis für die Esten bezeichnete Schröder dagegen die Verlegung des Mahnmals als »stil- und pietätlos«. Ein derartiger Umgang mit der Erinnerung an die Toten »widerspricht jedem zivilisierten Verhalten«, so der Altkanzler. Damit hatte er die estnische Regierung so sehr verärgert, dass sie ihm im Mai 2007 ein Treffen verweigerte, als er in seiner Funktion als Aufsichtsratsvorsitzender der Nordstream AG nach Talinn kommen wollte, um für seine Auftraggeber über die Ostsee-Pipeline zu verhandeln.

Die Ostsee-Pipeline ist ein Beispiel dafür, wie ein wirtschaftlich richtiges Projekt im falschen und von ihren Initiatoren verschuldeten Kontext in Misskredit geraten und dadurch sogar scheitern kann. Nach den Machbarkeitsstudien in den Jahren 1997 bis 1999 erklärte die Europäische Union im Jahr 2000 die Offshore-Pipeline als Teil der transeuropäischen Energienetze (TEN-E) zu einem »Projekt von gemeinsamem Interesse«. 2006 startete das Genehmigungsverfahren. 2008 bestätigte die EU erneut die Wichtigkeit von Nordstream. Durch das von Schröder mit Putin etablierte deutsch-russische Sonderverhältnis entstand der Eindruck, die Ostsee-Pipeline solle dem Zweck dienen, Deutschland und den mittel- und westeuropäischen Markt weiter mit Gas versorgen zu können, während zur politischen Disziplinierung ehemaliger Sowjetrepubliken wie den baltischen Staaten und ehemaliger Mitglieder des Warschauer Paktes wie Polen das Erdgas umso effizienter eingesetzt werden könnte. Während Schröder die Polen als durch ihre Geschichte traumatisiert und als isolierte Gegner des Projekts darstellte, wurde von deutscher Seite genauso wenig wie auf die polnischen Bedenken auch nicht auf die der baltischen Staaten oder Schwedens eingegangen. Insbesondere Schweden befürchtet, das Russland die Wartungsstationen der Pipeline für Spionagezwecke missbrauchen könnte.

Die Nordstream-Pipeline macht dann Sinn, wenn sie in eine gesamteuropäische Netzwerkarchitektur eingebunden ist. Entscheidend dafür ist, dass es Russland unmöglich sein muss, einen Teil der europäischen Staaten mit Erdgas zu versorgen, während andere von der Lieferung abgeschnitten werden. Aus diesem Grunde hatte sich die Bundeskanzlerin im Oktober 2006 dafür ausgesprochen, dass Polen und die baltischen Staaten Zugang zum europäischen Energiemarkt haben müssten. Kein Mitgliedsstaat in der EU dürfe durch ein Projekt eines anderen Mitgliedsstaates in Bedrängnis geraten. Bereits im Dezember 2005 hatte Merkel Polen eine Anbindung an die Ostsee-Pipeline in Aussicht gestellt. Das Angebot ist allerdings bisher nicht angenommen worden.

Sicherlich wird in Polen auch der Verlust der Transitgebühren eine Rolle gespielt haben, weil diese zusätzliche Pipeline nicht über polnisches Gebiet führt. Die Jamal-Pipeline versorgt Europa über Weißrussland und Polen mit westsibirischem Gas und war auf weißrussischer Seite immer wieder illegal angezapft worden. Die Vermeidung von Transitgebühren wie des Gasdiebstahls liegen auch im deutschen Interesse, ohne Polen oder Weißrussland zu übervorteilen.

Auch wenn insbesondere wegen der Umweltverträglichkeit in den baltischen Staaten und in Schweden nach wie vor erhebliche Bedenken bestehen, können die berechtigten politischen Bedenken der Polen doch als ausgeräumt angesehen werden.

Schröder steht in der Tradition sozialdemokratischer Außenpolitik, die von Egon Bahr und Erhard Eppler begründet und zu der auch Oskar Lafontaine gezählt wurde, als er noch Mitglied der SPD war. Wie Schröder kritisiert auch Eppler das Eintreten Merkels für Menschenrechte und Demokratie in Russland und unterstellt sogar, dass ein solches Verhalten gegen den von ihr als Bundeskanzlerin abgelegten Amtseid verstoße, den Nutzen des deutschen Volkes zu mehren und Schaden von ihm abzuwenden. Epplers Argumentation entspricht der geschichtsrevisionistischen Linie des Kreml. Er sieht Russland durch solche Kritik gedemütigt und in seinem Stolz verletzt, den Putin dem Land zurückgegeben habe. Verglichen mit Stalins Säuberungs- und

Hitlers Rassenwahn sei Putins gelenkte Demokratie höchst human. Eppler sieht die Amerikaner als eine machtpolitisch, moralisch und wirtschaftlich absteigende Macht an.

In der SPD hat der Gedanke einer Äquidistanz zu den USA und zu Russland eine lange Tradition und wird bis heute gepflegt. So sagte der Fraktionsvorsitzende der SPD im Deutschen Bundestag, Peter Struck, in einem Gespräch mit der »Frankfurter Allgemeinen Sonntagszeitung« im Mai 2007, man müsse eine »gleiche Nähe haben zwischen uns und Amerika einerseits, und uns und Russland andererseits«. Gleiche Nähe, das bedeutet auch gleiche Distanz: Äquidistanz. Der Virus des Werterelativismus erleichtert die Einführung doppelter Standards und lässt den Gedanken der Äquidistanz plausibel erscheinen. Sieht man in Demokratie und Rechtsstaatlichkeit vor allem ein westliches Modell, das man anderen nicht überstülpen dürfe, ist es ein Leichtes, die USA an diesem Maßstab zu messen und zu kritisieren, ihn aber für Russland und China nicht gelten zu lassen.

Ein solches werterelativistisches Denken ist in der SPD nicht neu. Es lohnt sich, in diesem Zusammenhang den Aufsatz »Die SPD und die westliche Freiheit« von Gesine Schwan aus dem Jahr 1982 nachzulesen. Schwan schreibt, dass Eppler in der Nachkriegszeit nie eine sowjetische Bedrohung der westlichen Freiheit gesehen habe. Aus dieser Sicht sei der Kampf der polnischen Gewerkschaft »Solidarität« für Freiheits- und Bürgerrechte aussichtslos und friedensgefährdend zugleich gewesen. Der These, echten Frieden könne es ohne nationale Selbstbestimmung der Völker nicht geben, habe Egon Bahr aufgebracht widersprochen, wer so rede, sei ein Friedensstörer. Die Deutschen – so

Bahr – hätten um des Friedens willen auf ihr Selbstbestimmungsrecht verzichtet und forderten deshalb von den osteuropäischen Völkern dasselbe.

Aus ihren Fehleinschätzungen in den 1980er Jahren ziehen aber die Architekten der damaligen Politik heute keine entsprechenden Konsequenzen, ganz im Gegenteil. Egon Bahr ist heute noch der Ansicht, dass die Sozialdemokraten »aus ihrer Geschichte heraus stets die besseren Einsichten in das Geschehen in Russland gehabt« hätten. Die Auseinandersetzung zwischen dem Kommunismus und der Sozialdemokratie sei wie ein Streit unter Familienmitgliedern.

In einem Artikel vor dem EU-Russland-Gipfel im finnischen Lahti im November 2006 hat sich Putin einerseits dazu bekannt, dass Russland »ein natürliches Mitglied der europäischen Familie« ist, sich aber gleichzeitig für einen eigenständigen russischen Weg außerhalb der Europäischen Union ausgesprochen.

Während die Außenpolitik Gorbatschows in der Mitte der 1980er Jahre noch unter den Schlüsselbegriffen eines »neuen Denkens« und einem »Ausgleich der Interessen« stand und er vom »Gemeinsamen Haus Europa« sprach, sind diese Gedanken aus der Außenpolitik Russlands heute verschwunden. Medwedew hat an Gorbatschow'sche Formulierungen in Berlin noch einmal angeknüpft, in seiner Rede vor den russischen Botschaftern im Juli 2008 nahm er darauf allerdings nicht mehr Bezug. Er stellte Russland als einen zuverlässigen und aufrichtigen Partner dar, der sich allerdings nicht mehr mit der zweiten Rolle in der Weltpolitik begnügen wolle und seine eigenen Interessen vertrete.

Während der Ton im öffentlichen Teil noch relativ moderat war, soll es hinter verschlossenen Türen zur Sache gegangen sein. Medwedew habe den Botschaftern in scharfen Worten vorgeworfen, aus der wiedererlangten Stärke Russlands nicht genug politisches Kapital zu schlagen. Sie sollten größere Aggressivität zeigen und den Kritikern Russlands endlich mehr Widerstand leisten.

Wie in der Innenpolitik vom Kreml und den von ihm gelenkten Medien Demokratie und Chaos miteinander assoziiert werden, gilt auch die Außenpolitik Gorbatschows und Jelzins, sich dem Westen durch eine Mitgliedschaft in der NATO, der EU, dem Europarat oder in der OSZE anzuschließen, als ein Zeichen der Schwäche. Russland sieht sich heute nicht mehr als ein Bewohner im »Gemeinsamen Haus« Europa, sondern als ideologische Alternative zur Europäischen Union. Für Russland sind die EU und ihre Mitgliedsstaaten nicht nur Partner, sondern auch Wettbewerber und Gegenspieler. Es liegt daher im russischen Interesse, gegenseitige und gleichberechtigte Abhängigkeiten nach Möglichkeit zu vermeiden. Dort, wo die EU oder ihre Mitgliedsstaaten asymmetrisch von Russland abhängen, gilt es, diese Abhängigkeit zu erhalten und auszubauen, dort, wo das nicht der Fall ist, soll sie geschaffen werden.

Der Ansatz der KSZE aus dem Jahr 1990 war aus der Schwäche der Staaten des ehemaligen Warschauer Pakts geboren. Ihm lag die Idee ihrer nachhaltigen Stabilisierung und Entwicklung durch Demokratie und Rechtsstaatlichkeit zugrunde. Die Propaganda des Kreml heute will das eigene Volk glauben lassen, der Westen habe ein Problem mit der Stärke Russlands. Doch ist es nicht die Stärke Russlands, die uns beunruhigt, sondern sein totalitärer Charakter. Im Interesse Europas ist ein starkes und demokratisches und vor allem kooperatives Russland, mit dem wir die regionalen und globalen Herausforderungen gemeinsam angehen können. Solange sich Russland aber als neoimperiale Großmacht versteht, ist es nicht immer Teil der Lösung, aber meistens Teil des Problems.

Dieses Selbstverständnis Russlands müssen wir anerkennen und zur Grundlage einer nüchternen Bestandsaufnahme der russischen Entwicklung und einer realistischen Russlandpolitik machen, die sich frei macht von Illusionen und Wunschdenken. Es entspricht nicht nur unseren Interessen, sondern es ist geradezu die Pflicht aller, die für die Außen- und Sicherheitspolitik unseres Landes und für Europa Verantwortung tragen, uns auf die Unwägbarkeiten und Eventualitäten der russischen Entwicklung einzustellen. Russland ist nicht nur Partner, sondern auch Konkurrent und Kontrahent. Dieser Ambivalenz der russischen Politik folgend, dürfen wir einerseits die Hoffnung auf eine stärkere Einbindung Russlands in Europa nicht aufgeben. Dies setzt aber einen deutlichen Richtungswechsel der russischen Innen- und Außenpolitik voraus. Andererseits kann nicht ausgeschlossen werden, dass wir in Zukunft unsere Interessen wieder verstärkt gegen Russland wahrnehmen müssen. Um dafür gewappnet zu sein, brauchen wir innerhalb einer gemeinsamen EU-Außenpolitik eine gemeinsame europäische Russlandpolitik.

Russland ist der nächste und wichtigste Nachbar der EU im Osten. Die Haltungen der einzelnen EU-Mitglieder gegenüber Russland divergieren beträchtlich, was ihre Verhandlungsposition erheblich schwächt und bestehende Asymmetrien vertieft. Während einige Mitglieder die russische Politik verteidigen, sind es vor allem die jungen Republiken Mittel- und Osteuropas, die eine kritische bis ablehnende Haltung gegenüber Russland einnehmen. Das Gros der Europäer jedoch verfolgt vornehmlich wirtschaftliche Interessen, was zu einer pragmatischen bis indifferenten Politik gegenüber Russland führt. Den einzelnen Mitgliedsstaaten mangelt es an wirtschaftlichem und politischem Gewicht, um auf Augenhöhe mit Russland zu verhandeln. Nur gemeinsam als Europäer und mit den USA können wir mit einiger Aussicht auf Erfolg auf Russlands Außen- und Europapolitik einwirken.

Europa und die USA können zwar gemeinsam Werte und Ziele definieren, diese an Russland herantragen und deren Durchsetzung ebenso wie demokratische Ansätze befürworten und unterstützen. Ein nachhaltiger Wandel Russlands muss jedoch von innen heraus geschehen. So an sich sinnvolle Vorhaben wie der »Petersburger Dialog« laufen jedoch ins Leere oder haben allein Alibi-Charakter, wenn sie nicht in eine gemeinsame europäische Russlandpolitik eingebettet sind, die sich durch Geschlossenheit und Entschlossenheit auszeichnet. So wie eine gegen die USA gerichtete Europa- oder Russlandpolitik zum Scheitern verurteilt ist, müssen die USA ihrerseits in Zukunft beachten, dass eine Russlandpolitik, die auf »containment« setzt, Europa spaltet. Die EU taugt nicht als Kalter Krieger. Beides würde den Falken im Kreml in die Hände spielen.

Immer wenn von den Beziehungen zwischen EU und Russland die Rede ist, wird das Diktum der »strategischen Partnerschaft« bemüht. Aber was sind eigentlich »strategische Partner«? Im Sprachgebrauch der EU wird unter »strategischer Partnerschaft« sowohl eine Interessenallianz als auch eine Partnerschaft auf der Grundlage gemeinsamer Werte verstanden. Den Begriff führte die EU 1999 in ihrer »Gemeinsamen Strategie gegenüber Russland« ein.

Die russische »mittelfristige Strategie« gegenüber der EU aus demselben Jahr spricht dagegen nur von gemeinsamen Interessen ohne den Bezug auf gemeinsame Werte. »Strategische Partner« sind dieser Definition zufolge Partner, die gemeinsame Ziele haben und mit denen man zum gegenseitigen Nutzen gemeinsame Projekte verwirklicht. Unsere Partnerschaft zu Russland kann daher nur so »strategisch« sein, wie Russland selbst dazu bereit ist. Die Idee einer auf Werten gegründeten Partnerschaft mit Russland ist sicherlich ein ehrenhaftes Ziel. Verantwortliche Politik darf aber nicht den Wunsch mit der Wirklichkeit verwechseln. In einer solchen Partnerschaft dürfen nicht die Mitgliedsstaaten, sondern muss die EU selbst Partner Russlands sein.

Deutsche Russlandpolitik muss europäisch sein

So wie unsere Nachbarn mit Sorge auf deutsche Sonderwege geschaut haben, blicken sie heute mit Unbehagen auf alles, was wie Schröders Neo-Wilhelminismus nach deutschen Sonderbeziehungen zu Russland aussieht. Es darf keinen deutschen Sonderzug nach Moskau mehr geben. Wir müssen der russischen Europapolitik eines »divide et impera« durch die Bilateralisierung der Beziehungen zu seinen europäischen Partnern entgegentreten, wie es Bundeskanzlerin Angela Merkel getan hat, als sie das russische Angebot einer nationalen deutschen Beteiligung am Stockman-Gasfeld zugunsten eines europäischen Engagements ablehnte.

Deutschlands Verankerung in der EU und in der NATO muss über jeden Zweifel erhaben sein. Nur so können wir in nationalem wie in europäischem Interesse die Rolle eines Landes spielen, das in Russland hohes Vertrauen genießt. Deutschland muss sich in der europäischen Russlandpolitik als die Kraft verstehen, die für Maß und Mitte sorgt.

Dazu gehört auch, besorgniserregende Entwicklungen in Russland und ihre Konsequenzen für den europäischen Nachbarschaftsraum klar zu benennen. Wenn wir darauf verzichten, werden Leonards und Popescus Kalte Krieger und Skeptische Pragmatiker außerhalb der EU in einer Sonderbeziehung mit Washington ihre eigene Russlandpolitik zu machen versuchen. Das wiederum wird als Vorwand von den europäischen Staaten genutzt werden, die in der Bilateralisierung ihrer Beziehungen zu Russland ihren Vorteil suchen.

In der ohnehin nur rudimentär entwickelten europäischen Russlandpolitik kommt es jetzt nicht darauf an, das bisherige Partnerschafts- und Kooperationsabkommen durch ein anderes großartig klingendes und allzu ehrgeiziges Vertragswerk zu ersetzen, dem das Schicksal des Vier-Räume-Abkommens droht, nicht umgesetzt werden zu können. Stattdessen wäre es besser, sich vor allem auf sektorenspezifische Verträge zu konzentrieren und die Kooperation mit Russland in spezifischen strategischen Fragen zu suchen, wo die

Europäische Union und Russland gemeinsame Interessen teilen. Das gilt z. B. für die Terrorismusbekämpfung, den Schutz der natürlichen Lebensgrundlagen, der Seuchenbekämpfung wie HIV / Aids, dem Dialog mit der islamischen Welt oder der Bewältigung der Folgen einer alternden Gesellschaft.

Im europäischen Interesse liegt nicht nur eine friedliche Koexistenz, sondern der weitere Ausbau unserer Beziehungen zu Russland, obwohl sich das Land unter Putin politisch und ideologisch von Europa wegbewegt hat.

Nach Helmut Schmidt besteht die politische Kultur Russlands aus Diktatur, und es sei zu befürchten, dass das auch so bleibe. Das ist sicherlich zu defätistisch. Kein Volk ist dazu verdammt, für immer autoritär regiert zu werden.

Aber richtig ist auch: Russland war nie eine und wird auch auf absehbare Zeit keine »lupenreine Demokratie« werden. Auch wenn es in Teilen der russischen Bevölkerung Vorbehalte gibt, was unter einer »westlichen Demokratie« zu verstehen ist, gibt es doch eine hohe Akzeptanz für Rechtsstaatlichkeit und den Schutz der Menschenrechte. Es ist daher zweckmäßiger, unser Augenmerk auf die Entwicklung der Rechtsstaatlichkeit und den Schutz der Menschenrechte zu richten, auch weil Russland hier eine spezifische Verpflichtung im Rahmen des Europarates eingegangen ist.

Auf die Einhaltung rechtsstaatlicher Prinzipien sollte insbesondere in der Energiepolitik mehr als bisher geachtet werden. Auch nach Auffassung der Bundesregierung ist die Energiecharta für Russland jedenfalls so lange verbindlich, wie Russland nicht wie Norwegen, Island und Australien von der Opt-out-Klausel Gebrauch macht. Das Bestehen auf dieser vorläufigen Verbindlichkeit der Energiecharta für Russland verhindert, dass Russland weiter ihre Prinzipien unterläuft und europäische Mitgliedsstaaten und ihre Unternehmen gegeneinander ausspielt.

Moralische Appelle an Energieunternehmen, gegen ihre eigenen ökonomischen Interessen zu verstoßen, sind von vornherein zum Scheitern verurteilt. Deswegen kommt es auf eine marktwirtschaftliche Ordnung an, die ihr Verhalten reguliert und die angesichts der Größe des Marktes nur von der Europäischen Union geschaffen werden kann.

Je mehr die EU gegenüber Russland tatsächlich über eine eigene Energiepolitik verfügt, umso weniger ist es Russland möglich, die Mitgliedsstaaten mit den Interessen ihrer nationalen Unternehmen unter Druck zu setzen.

Schon aus Eigeninteresse sollte die EU die Wirtschaftsbeziehungen zu Russland weiter ausbauen. Wichtig ist dabei aber das Prinzip der Öffnung auf Gegenseitigkeit. Russischen Firmen sollte der Zugang auf den europäischen Markt unter den gleichen Voraussetzungen gewährt werden, wie europäische Firmen in Russland investieren können. Eine Mitgliedschaft Russlands in der WTO und auch ein Freihandelsabkommen könnten dazu beitragen, die Wirtschaftsbeziehungen auf der Basis dieser Reziprozität auszubauen. Solange Russland kein Rechtsstaat ist, sollte europäischen Unternehmen die Möglichkeit gegeben werden, Schadensersatzklagen gegen russische Staatsunternehmen oder Staatsfonds einzureichen, die sich in der Europäischen Union engagieren. Europäische Gerichte und Verwaltungen müssen Verfahren entwickeln, solche Urteile auch durchzusetzen.

Russland ist auf die Kooperation mit der EU angewiesen. Nach Einschätzung von Leonid Fedun, dem Vizechef von Lukoil, benötigt Russlands Ölindustrie in den kommenden 20 Jahren 1 Billion Dollar an Investitionen, allein um die Förderung auf dem jetzigen Niveau von ca. 10 Millionen Barrel pro Tag zu halten. Ähnliches gilt für den Gassektor, wo mehr noch als beim Öl Produzenten und Verbraucher aufeinander angewiesen sind, da die Exploration von neuen Gasfeldern, der Bau von Pipelines und Pumpstationen und andere Infrastrukturmaßnahmen außerordentlich kostenintensiv sind. Daher sind Produzenten und Abnehmer generell an langfristigen Verträgen interessiert. Anders als beim Öl gibt es beim Gas bisher keinen bzw. allenfalls langfristig durch den Ausbau von LNG – verflüssigtem Gas – einen halbwegs funktionstüchtigen Markt. Um eine Energiegroßmacht bleiben zu können, benötigt Russland langfristige Investitionen aus dem Ausland. Dazu braucht das Land ein freundliches Investitionsklima, das nur durch die Ausweitung von Rechtssicherheit geschaffen werden kann.

Die mangelnde Einigkeit in der Europäischen Union und das Fehlen einer gemeinsamen europäischen Energiesicherheitsunion ermöglichen es dem Kreml jedoch, europäische Unternehmen und Mitgliedsstaaten der EU gegeneinander auszuspielen. So hat Russland Verträge mit Italien, Österreich, Ungarn und Bulgarien über Pipelines und Gasspeicher geschlossen, die das Nabucco-Pipeline-Projekt gefährden. Im Mai 2007 schloss Moskau ein Abkommen mit Turkmenistan, Kasachstan und Usbekistan über eine neue Gaspipeline nach Russland ab, die de facto dem Vorhaben einer Transkaspischen Pipeline ein Ende bereitet, Gas an

Russland vorbei nach Europa zu liefern. Russland schloss außerdem langfristige Verträge mit Turkmenistan und Usbekistan, die Russland die Kontrolle über das Gas verschafften, das für den Export nach Europa vorgesehen war. Seitdem der russische Staat über den Quasi-Monopolisten Gazprom dazu übergegangen ist, seine heimischen Gas- und Ölpipelines direkt zu kontrollieren und als Mehrheitsgesellschafter in den Nordstream- und Southstream-Pipeline-Projekten aufzutreten, liegt es in den Händen des Kreml zu entscheiden, ob und wohin Gas exportiert werden kann, selbst wenn europäischen Unternehmen die Gasfelder in Russland gehören sollten.

Um das bestehende asymmetrische Energieabhängigkeitsverhältnis der europäischen Mitgliedsstaaten gegenüber Russland zumindest teilweise zu kompensieren, brauchen wir neben einem abgestimmten und entschlossenen Auftreten gegenüber Russland eine Art »Energiesolidarität«, bei der bei Versorgungsproblemen die europäischen Staaten und Unternehmen gegenseitig füreinander einstehen. Dazu sind in Europa gleiche Bevorratungsstandards erforderlich, die jeden Staat verpflichten, Gas- und Ölvorräte in der Größenordnung des durchschnittlichen Eigenverbrauchs von drei bis vier Monaten vorzuhalten. Diversifikation im Hinblick auf die Energiequellen wie die Transportwege und der Ausbau des Wettbewerbs im Energiesektor sind wichtige Ziele der EU in diesem Politikfeld. Wir brauchen einen funktionierenden, gemeinsamen europäischen Energiebinnenmarkt.

Daraus folgt aber auch, dass eine nationale Energiepolitik, die immer weniger auf Kohle setzt und zudem die Nutzung der Kernenergie über das beschlossene Ausstiegsszenario hinaus ausschließt, Deutschland trotz aller Fortschritte bei den erneuerbaren Energien immer tiefer in die russische Energieabhängigkeit treibt.

Das ist auch deshalb bedenklich, weil es heute berechtigte Zweifel an der russischen Vertragstreue gibt. Die Suspendierung des KSE-Vertrages wie die einseitige und erzwungene Veränderung der Verträge, die mit ausländischen Energieunternehmen für die Exploration von Bodenschätzen in Russland geschlossen wurden, begründet der Kreml damit, dass sie aus einer Zeit stammten, in der der Westen die Schwäche Russlands ausgenutzt habe. Doch wer garantiert uns, dass Russland nicht in einigen Jahren genauso auf die heute abgeschlossenen langfristigen Verträge blickt? Tatsächlich verschließt auch der Hinweis auf die Zuverlässigkeit der russischen Erdgaslieferungen zu Zeiten der UdSSR den Blick auf die Realität. Damals war die Sowjetunion auf die Devisen angewiesen, um mit ihnen die Instrumente ihrer machtpolitischen Ambitionen zu finanzieren. Heute ist die Energie selbst dieses Instrument, wie von russischer Seite immer wieder betont wird.

Auf besondere Schwierigkeiten mit Russland werden wir uns in der Nachbarschaftspolitik einstellen müssen, wie wir am russischen Feldzug gegen Georgien im August 2008 sehen mussten. Russland und die Europäische Union sind heute Nachbarn, und einige ehemalige Sowjetrepubliken sind mittlerweile Mitglieder der EU und der NATO. Staaten wie die Ukraine, Georgien oder Moldau suchen ebenfalls ihren eigenen nationalen Weg und entwickeln immer mehr Interesse an einer Mitgliedschaft in der NATO und einer engeren Kooperation bis hin zu einer Mitgliedschaft in der Europäischen Union.

Es ist mit unseren elementaren Prinzipien unvereinbar, dass diese Staaten und Völker gegen ihren Willen der russischen Einflusssphäre zugeordnet werden. Es gilt das Prinzip der freien Bündniswahl. Es ist das souveräne Recht unabhängiger Staaten und ihrer Völker, über ihren politischen Weg selbst zu bestimmen. Es ist aber auch nicht im Interesse der Europäischen Union, zwischen Ländern wie der Ukraine und Russland einen Graben zu reißen. Allein aufgrund ihrer Geschichte wird die Ukraine immer eine enge Beziehung zu Russland haben. Aber eine solch enge Beziehung ist nicht unvereinbar mit einer tiefen und substanziellen Beziehung zur Europäischen Union oder einer Mitgliedschaft in der NATO. In der Zeit seit dem Ende des Kalten Krieges waren NATO und Europäische Union mit ihrer Stabilisierungs- und Demokratisierungspolitik für Mittel- und Osteuropa sehr erfolgreich. Die NATO hat zunächst den Staaten Stabilität und Sicherheit gegeben. Unter dem Schirm der NATO haben diese Staaten dann ihre Ökonomien zu Marktwirtschaften transformieren und rechtsstaatliche Strukturen einführen können, die dann wiederum eine Mitgliedschaft in der Europäischen Union möglich gemacht haben.

Diese Politik ist wesentlich von Deutschland unter Helmut Kohl konzipiert worden. Die Idee der NATO-Osterweiterung stammte von seinem Verteidigungsminister Volker Rühe. Auf dieses Erfolgsrezept sollten wir auch gegenüber Staaten wie der Ukraine, Georgien oder Moldau nicht verzichten. Allerdings sollten wir flexibler in der Anwendung unserer Instrumente werden. Hilfreich ist dabei insbesondere die neue Osteuropa-Initiative Schwedens und Polens.

In Georgien muss die EU eine größere Rolle übernehmen. Eine Möglichkeit könnten eigene Verhandlungen der

Europäischen Union mit Georgien über ein Partnerschafts- und Kooperationsabkommen sein, die helfen können, die rechtsstaatliche und demokratische Entwicklung Georgiens zu fördern und zu vertiefen. Solche inneren Reformen Georgiens könnten dann auch die Aufnahme in den »Membership Action Plan« (MAP) der NATO befördern, die ein weiterer Schritt auf dem Wege zur Erfüllung des in Bukarest von der NATO gegebenen Beitrittsversprechens wäre, aber an sich noch keine Mitgliedschaft darstellt.

Insbesondere an Georgien versucht Russland jetzt, ein Exempel zu statuieren. Das Land soll dafür bestraft werden, sich aus der russischen Einflusssphäre zu lösen und sich in Richtung EU und NATO zu orientieren. Durch die Kooperation mit den international nicht anerkannten Unabhängigkeitsregierungen Abchasiens und Südossetiens verletzt Russland seine Neutralitätspflicht aus dem Moskauer Waffenstillstandsabkommen von 1994 und stellt de facto die territoriale Integrität Georgiens in Frage. Mit der Ausgabe russischer Pässe hat Russland selbst den Vorwand einer Schutzpflicht für seine Staatsbürger geschaffen, die es im August 2008 für seine militärische Intervention genutzt hat. Nicht ganz zu Unrecht spricht daher Georgien von einer »Annexion ohne Okkupation« seiner abtrünnigen Gebiete durch Russland. Dabei setzt Russland auch auf den Eindruck, dass Georgien im Westen nicht gewollt sei. Sosehr es richtig ist, dass ein Beitritt Georgiens und der Ukraine zur NATO von der politischen Reife dieser Länder und ihrer Fähigkeit abhängen muss, einen Beitrag zur gemeinsamen Sicherheit innerhalb der NATO zu leisten, so wenig darf man Russland direkt oder indirekt ein Vetorecht einräumen. Es bestärkt in Moskau die Falschen, wenn in Europa – wie es Außenminister Frank-Walter Steinmeier getan hat – öffentlich gedacht wird, mit der Anerkennung der Unabhängigkeit der serbischen Provinz Kosovo, die von Moskau vehement abgelehnt wurde, sei Europa »im Verhältnis zu Russland ans Limit gegangen«. Nach diesem Streit gebe es keinen »zwingenden Grund«, Russland dadurch weiter zu verärgern, dass die NATO Georgien und der Ukraine in Bukarest einen »Aktionsplan für die Mitgliedschaft« anbiete.

Trotz aller Schwierigkeiten bleibt es ein Gebot politischer Klugheit, mit einem Land vom strategischen Gewicht Russlands so gut wie möglich zu kooperieren. Russland kann nicht isoliert werden. Als Vetomacht des UN-Sicherheitsrates gibt es nur eine Nation, die Russland isolieren kann, und das ist Russland selbst.

Das russische Verhalten gegenüber dem Iran, Serbien oder Simbabwe im UN-Sicherheitsrat und sein Vorgehen gegenüber Georgien zeigen, dass es Russland mit seinem Postulat der Achtung der Vereinten Nationen immer weniger um die Durchsetzung völkerrechtlicher Prinzipien geht. Vielmehr möchte Russland wie zu Sowjetzeiten den Handlungsspielraum des Westens einschränken und durch Bezug auf das »Prinzip der Nichteinmischung in innere Angelegenheiten« Maßstäbe vermeiden, die auch auf Moskau angewandt werden können.

Auf internationaler Ebene bietet sich im Umgang mit Russland als Vetomacht des UN-Sicherheitsrates ein Drei-Schritte-Modell an. Erstens sollten wir uns bemühen, mit Russland zu einer gemeinsamen Analyse zu kommen. Dazu sollte der NATO-Russland-Rat aufgewertet werden und mehr als bisher zu einem Forum des strategisch-sicherheitspolitischen Dialogs werden. Als zweiter Schritt sollte Russland mit einer verantwortlichen und gegebenenfalls führenden Rolle in die Problemlösung eingebunden werden. Entzieht sich Russland allerdings den Bemühungen einer gemeinsamen Analyse oder einer solchen Verantwortung, müssen wir als dritten Schritt auch – wie im Falle Kosovos – bereit sein, ohne Russland zu handeln. Bei Konflikten zwischen formellen und materiellen Prinzipien des Völkerrechts sollten wir uns im Zweifel für die materiellen Prinzipien entscheiden. Wenn Russland wie im Falle eines sich abzeichnenden Massakers an den Kosovoalbanern die »responsibility to protect« der Völkergemeinschaft an seinem Veto scheitern lassen will, müssen wir grundsätzlich bereit sein, einer solchen völkerrechtlichen Verpflichtung auch in Zukunft ohne russische Zustimmung nachzukommen. Dabei bringt uns der Hinweis, bestimmte Probleme seien ohne Russland nicht zu lösen, nicht viel weiter. Er fördert nur das russische Selbstbild einer »unverzichtbaren Nation«.

Eine eingehende Prüfung verdienen Medwedews Vorschläge einer europäischen Sicherheitskonferenz, sobald sie hinreichend konkret sind. Seine Idee, neben dem Europarat und der OSZE eine weitere paneuropäische Institution zu schaffen, insbesondere sein Vorschlag, dass die europäischen Staaten ohne Rücksicht auf ihre Mitgliedschaften und Bündnisse, allein ihren nationalen Interessen folgend, an einer solchen Konferenz teilnehmen sollen, widerspricht allerdings der Idee der EU. Er weckt den Verdacht, dass es Russland mehr um ein »Teilen und Herrschen« geht und darum, den Status der USA als europäische Macht zu minimieren. Stattdessen sollten wir Russland auffordern, konstruktive Vorschläge zu einer Reform der OSZE zu machen.

Das Nein der Iren zum europäischen Reformvertrag von Lissabon verhinderte nicht nur die Schaffung der weiteren institutionellen Voraussetzungen für die gemeinsame Außen- und Sicherheitspolitik der EU, sondern birgt auch die Gefahr einer schleichenden Desintegration in der europäischen Russlandpolitik. Dieser sollten wir mit der Einrichtung eines »steering committee« begegnen. Diesem könnten als Ausschuss des Europäischen Rates und unter Beteiligung der Europäischen Kommission neben Deutschland und Frankreich auch Italien, Polen und Großbritannien angehören. Ein solches Komitee würde einerseits die unterschiedlichen Auffassungen der europäischen Mitgliedsstaaten angemessen widerspiegeln und andererseits von seiner Größe her gut arbeitsfähig sein. Wir müssen uns darauf einstellen, dass die USA auch unter einem neuen Präsidenten ihre Politik des Demokratieexports in den »postsowjetischen« Raum fortsetzen werden, wo sie als Garanten für die Sicherheit empfunden werden und daher willkommen sind.

Die amerikanische Russlandpolitik der letzten Jahre ist alles andere als konsistent, wie Joschka Fischer zu Recht festgestellt hat. Insbesondere ist das Verhältnis beider Länder von wechselseitigen Enttäuschungen geprägt. Obwohl von russischer Seite den USA immer wieder das Denken in Kategorien des Kalten Krieges vorgeworfen wird, klingt doch die Verbitterung durch, von Washington nicht mehr als Gegenspieler auf Augenhöhe wahrgenommen zu werden. Die USA verärgern Russlands Waffenlieferungen an den Iran und Syrien, seine Behinderung oder Verwässerung von Resolutionen des UN-Sicherheitsrates gegen das iranische Nuklearprogramm oder seine Blockade einer Konsenslösung für das Kosovo. Dabei habe man Russland in die G8 aufgenommen, obwohl weder die politischen noch die wirtschaftlichen Voraussetzungen gegeben waren, am Nahost-Quartett beteiligt und sich zum gemeinsamen Krieg gegen den Terror bekannt, obwohl man Putins Methoden in Tschetschenien missbillige, und sich schließlich mit Kritik an Putins fortwährender Bekämpfung der Demokratiebewegung im eigenen Land und seiner Nachbarschaft zurückgehalten.

Resümee

Deutschland ist das Land, dem sich Russland besonders verbunden fühlt. Zwischen beiden Ländern bestehen traditionell vielfältige kulturelle, wirtschaftliche und politische Beziehungen. Dieses gute Verhältnis und das entstandene Vertrauen sollten wir nicht nur pflegen, sondern auch für eine Verbesserung der Beziehungen zwischen Russland und der Europäischen Union sowie zwischen Russland und der transatlantischen Gemeinschaft nutzen.

Solange sich Russland als autokratische Großmacht wahrnimmt, die auf die Belange von Dritten, insbesondere die seiner Nachbarn, keine Rücksicht nehmen zu müssen glaubt, kann es keine Annäherung durch Verflechtung geben und können damit auch die europäischen Beziehungen zu Russland nicht die Tiefe erreichen, die eigentlich wünschenswert wäre.

Russland hat bisher keinen Politiker vom Format eines Charles de Gaulle hervorgebracht, der in der Lage gewesen wäre, das schwer auf Russland lastende historische Erbe der imperialen Sowjetunion zu verarbeiten. Anstatt sich de Gaulle wirklich zum Vorbild zu nehmen – wie Putin selbst einmal erklärt hat – und die neuen Realitäten anzuerkennen, Altlasten zu beseitigen, den postsowjetischen Phantomschmerz zu bekämpfen und Russland den Weg in eine moderne, demokratische Zukunft zu weisen, ist er den einfacheren, restaurativen Weg gegangen. In der Außenpolitik gegenüber den neuen »postsowjetischen« Staaten muss diese Politik des Roll-back als eine Bedrohung der gerade gewonnen Souveränität erscheinen. Hätte Russland sich in seiner Politik innerhalb der GUS, die auf Englisch »Commonwealth of Independent States« heißt, von den Erfahrungen des Vereinigten Königreichs bei der Auflösung des British Empire und dessen Überführung in den »British Commonwealth of Nations« leiten lassen, wären die Beziehungen zu seinen Nachbarstaaten heute besser. Erst die Aufgabe ihres kolonialen Anspruchs haben Großbritannien und Frankreich bei allen Schwierigkeiten die Integration nach Europa ermöglicht. Präsident Putin hat beim Aufbau neuer »hard power« für Russland – nicht nur durch eine Stärkung des Militärs, sondern vor allem durch die Entwicklung seiner Energieexporte zur politischen Waffe – gleichzeitig viel seiner natürlichen »soft power« verloren, die Russland insbesondere durch seine kulturelle Ausstrahlung im eurasischen Raum besitzt.

In der Selbstwahrnehmung, die in erster Linie durch den Vergleich zur Jelzin-Zeit geprägt ist, sieht sich die politische und wirtschaftliche Elite des Landes mit Putin und

Medwedew an der Spitze auf einem erfolgreichen Weg zurück zu alter Größe und erkennt nicht, dass dieser in die Selbstisolation und in die politische Sackgasse führt, wo Russland von den Nachbarn allenfalls gefürchtet wird. Dieses kann nicht in unserem Interesse sein, da sich Russland damit weiter vom Westen entfernen wird, statt sich – als eigenständige Entität – in die europäische Gemeinschaft zu integrieren. Schlimmstenfalls droht am Ende eine neue Phase der Konfrontation des Westens mit einem immer autokratischer werdenden Russland. Daher müssen wir heute den autokratischen und restaurativen Tendenzen in der russischen Politik offen und beherzt entgegentreten. Je mehr wir zurückweichen, umso mehr werden die ermutigt, die den Erfolg Russlands in einem neuen Kalten Krieg mit dem Westen suchen. Hier kommt gerade uns Deutschen, aufgrund der traditionellen Freundschaft zwischen unseren Völkern, eine historische Aufgabe zu. Diese Aufgabe werden wir dann erfüllen können, wenn an unserer Verwurzelung im Westen kein Zweifel besteht und wir den Versuchungen des Neo-Wilhelminismus, des Werterelativismus, des Antiamerikanismus und der Äquidistanz widerstehen. Georgien 2008 ist nicht Prag 1968. Russland muss einsehen, dass eine »strategische Partnerschaft« nicht mit Deutschland allein, sondern nur mit Europa im Ganzen zu haben ist.

Es darf keinen deutschen Sonderzug nach Moskau geben – unsere Russlandpolitik muss europäisch sein.

Inhalt

Bibliografische Information der Deutschen Nationalbibliothek

Die Deutsche Nationalbibliothek verzeichnet diese Publikation in der Deutschen Nationalbibliografie; detaillierte bibliografische Daten sind im Internet über http://dnb.d-nb.de abrufbar.

Umschlag: Groothuis, Lohfert, Consorten (glcons.de)
Herstellung: Das Herstellungsbüro, Hamburg
Druck und Bindung: CPI – Clausen & Bosse, Leck
Printed in Germany
ISBN 978-3-89684-135-3

www.edition-koerber-stiftung.de

Testfall für Europa
Deutsch-polnische Nachbarschaft muss gelingen

Ein Standpunkt von Adam Krzemiński

110 Seiten
ISBN 978-3-89684-136-0
Euro 10,– (D)

Das deutsch-polnische Neben- und Miteinander ist vielleicht das schwierigste in Europa: Noch immer sorgen historische Lasten und alte Vorurteile, unterschiedliche Wirtschaftskraft und gegenseitige Unkenntnis für Konfliktstoff.

Eine effiziente Partnerschaft zwischen Deutschen und Polen ist jedoch unerlässlich. Beide müssen lernen, sich in die Denkweise und Interessenlage des anderen zu versetzen. Deutschland darf auf den Nachbarn nicht herabschauen und sich leichtfertig über dessen Interessen hinwegsetzen. Polen wiederum sollte sich nicht reflexartig verschließen, sondern konstruktiv und selbstbewusst die Zusammenarbeit mit Deutschland suchen. Adam Krzemiński zeigt mit seiner »deutsch-polnischen Agenda«, wie aus der Vision Wirklichkeit werden kann.

Politik braucht Standpunkte!

Christoph Bertram
Partner, nicht Gegner
Für eine andere Iran-Politik
100 Seiten | ISBN 978-3-89684-133-9

Stephan Bierling
Die Huckepack-Strategie
Europa muss die USA einspannen
110 Seiten | ISBN 978-3-89684-132-2

Georg Blume
China ist kein Reich des Bösen
Trotz Tibet muss Berlin auf Peking setzen
110 Seiten | ISBN 978-3-89684-134-6

Erhard Busek
Zu wenig, zu spät
Europa braucht ein besseres Krisenmanagement
90 Seiten | ISBN 978-3-89684-131-5

Eric Gujer
Schluss mit der Heuchelei
Deutschland ist eine Großmacht
110 Seiten | ISBN 978-3-89684-130-8

Körber-STIFTUNG
Forum für Impulse

edition Körber-STIFTUNG

BegegnungsCentrum HAUS im Park

Boy Gobert Preis

KÖRBER FotoAward

Deutscher Studienpreis
Der Wettbewerb für junge Forschung

KÖRBER-PREIS FÜR DIE EUROPÄISCHE WISSENSCHAFT

KIWISS
Wissenschaft für Kinder und Jugendliche

Geschichtswettbewerb des Bundespräsidenten
Jugendliche forschen vor Ort

Eustory
History Network for Young Europeans

HAMBURGER TULPE
für deutsch-türkischen Gemeinsinn

USABLE®
TRANSATLANTISCHER IDEENWETTBEWERB

Körber-Netzwerk Außenpolitik

BERGEDORFER GESPRÄCHSKREIS

KörberForum Kehrwieder 12

Dialog und Verständigung, Bildung und Wissenschaft, Integration und Engagement, Junge Kultur: In diesen Bereichen ist die Körber-Stiftung mit einer Vielzahl eigener Projekte aktiv. Bürgerinnen und Bürgern, die nicht alles so lassen wollen, wie es ist, bietet sie Chancen zur Mitwirkung und Anregungen für eigene Initiativen.
1959 vom Unternehmer und Anstifter Kurt A. Körber gegründet, ist die Stiftung heute mit eigenen Projekten und Veranstaltungen von ihren Standorten Hamburg und Berlin aus national und international aktiv.